无障碍阅读　精美插图　名师点评

【中国青少年必读名著】

龙文鞭影

[明] 萧良有　杨臣铮◎著　焦庆锋◎编

彩色美绘版

黄河出版传媒集团
宁夏人民出版社

图书在版编目（CIP）数据

龙文鞭影 /（明）萧良有，（明）杨臣诤著；焦庆锋编 . —银川：宁夏人民出版社，2015.12
（中国青少年必读名著）
ISBN 978-7-227-06160-1

Ⅰ. ①龙… Ⅱ. ①萧… ②杨… ③焦… Ⅲ. ①古汉语—启蒙读物 Ⅳ. ① H194.1

中国版本图书馆 CIP 数据核字（2015）第 292071 号

中国青少年必读名著
龙文鞭影　［明］萧良有　杨臣诤　著　焦庆锋　编

责任编辑　白　雪
封面设计　焦庆锋
责任印制　肖　艳

黄河出版传媒集团
宁夏人民出版社　出版发行

地　　址　银川市北京东路 139 号出版大厦（750001）
网　　址　http://www. yrpubm.com
网上书店　http://www.hh-book.com
电子信箱　renminshe@yrpubm.com
邮购电话　0951-5052104
经　　销　全国新华书店
印刷装订　三河市恒彩印务有限公司
印刷委托书号　（宁）0001330

开　　本　640mm × 920mm　1/16
印　　张　12
字　　数　150 千字
印　　数　6000 册
版　　次　2015 年 12 月第 1 版
印　　次　2015 年 12 月第 1 次印刷
书　　号　ISBN 978-7-227-06160-1/H · 92

定　　价　19.80 元

前言

世界名著是人类文化艺术发展道路上的丰碑，它以生生不息的思想力量、经久不衰的语言魅力深深打动着一代又一代的读者。对于青少年而言，大量阅读文学名著，是行之有效的阅读行为。文学名著凭借超拔的构思、动人的故事、隽永的语言，实现了文学大家对自然与人类社会不凡的理解和想象。沉浸其中，会让你成为一个对事物有通达理解的人，一个个性健康、感情充沛、志趣高尚的人。总而言之，读名著对你的智商与情商的提高都有莫大的好处。

为了系统地向广大青少年传递世界名著精华，我们精心组织编写了这套《中国青少年必读名著》。我们从浩瀚的知识海洋中，撷取精华，汇聚经典，将最受世界青少年青睐的作品奉献给大家。该系列丛书会给读者朋友们打开一扇心灵的窗户，让读者朋友们在知识的天地里遨游和畅想，为青少年朋友们搭建一架智慧的天梯，让我们在知识时空中探幽寻秘。本套丛书内容健康、有益，紧扣中学生语文课标，集经典性、知识性、实用性、趣味性于一体。我们精选的这些名著都是经历了历史与时间的检验，是公认为最具有杰出思想内涵或文学艺术品位的名著，是一份让广大青少年朋友品味人类知识精华的大餐。

由于编纂时间仓促，加之编者水平有限，编写过程中难免出现纰漏，还望广大读者批评指正。

阅读导航

原文

原著经典再现，古代文言文讲究言简意赅、字字珠玑，让读者细细品味，领略中国文化精髓。

捧檄毛义，绝裾温峤 毛义，家境贫寒，以孝行名噪一时。南阳人张奉慕名前往拜见，正巧郡中檄文送到，任命毛义为安阳令。毛义手捧檄文喜形于色。张奉见他如此，心中不以为然，后毛义的母亲去世，毛义辞官回家。后来多次拒绝朝廷征召。张奉感叹说："贤人的心思不是常人所能推测的！早先他接到檄文时喜形于色，原来是为了奉养母亲而委屈自己啊！"晋温峤在刘琨属下任右司马时，奉命前往京师建康。母亲崔氏拉住他的衣裾极力阻止他，温峤绝裾而去，被皇帝留在京师。后来崔氏去世了，温峤由于战乱阻隔而无法奔丧，终身引以为恨。

郑虔贮柿，怀素种蕉 唐玄宗时任郑虔为博士，郑虔年轻时喜欢书法，因无钱买纸，就把柿叶贮存起来用来写字。唐僧人怀素擅长草书，家境贫寒，无钱买纸，便种植芭蕉，以芭蕉叶代纸，练习草书。他称种芭蕉为种纸。

延祖鹤立，茂弘龙超 晋嵇绍，字延祖，是嵇康之子。曾经有人对王戎说："昨日在众人中见到了嵇绍，他气宇轩昂，如同鹤立鸡群一般。"晋王导，字茂弘，小字阿龙，姿容英伟。廷尉桓彝一次路遇王导叹道："人人都说阿龙容貌超群，依我看，阿龙本身的气质就与众不同。"

悬鱼羊续，留犊时苗 汉羊续官至庐江太守，为官清正廉洁。有人送了一条活鱼给他，羊续将鱼悬挂起来。后来那人再送鱼时，羊续就拿出以前送的鱼给他看，谢绝了他的馈赠。时苗，东汉末年人，建安年间任寿春县令期间，用来驾车的牛生下了一只小牛犊。离任时，他对主簿说："我来寿春做官时本来没有这头小牛，所以这头小牛就留在府中用吧！"然后留下了小牛，驾老牛而去。

贵妃捧砚，弄玉吹箫 唐玄宗坐在沉香亭中，见牡丹盛开，心有所感，急召李白作诗。当时李白喝得酩酊大醉。唐玄宗叫贵妃杨玉环捧砚，李白提笔立刻写成了《清平调》三章。春秋时，秦国人萧史擅长吹箫。秦穆公将女儿弄玉嫁给了他，让他教弄玉吹箫。据说后来弄玉乘凤，萧史乘龙，一起升天了。

三　奇

清时安石，奇计居鄛　晋谢安，字安石，四十岁时为司马。简文帝死后，因谢安反对桓温篡夺政权的阴谋没有成功。谢安后来官至尚书仆射，加后将军，一心辅佐晋室，前秦攻打晋朝时，谢安派遣侄子谢玄领兵大破前秦军于淝水。范增，居鄛人，足智多谋。项梁起兵反抗秦朝暴政，范增劝说项梁扶立楚国王室后裔以顺从民心。项梁战死后，范增为项羽效力，后刘邦派人离间项羽与范增，项羽就对范增产生了怀疑，范增于是告老还乡，回乡途中病死。项羽不久就被刘邦打败。

湖循莺脰，泉访虎跑　江浙一带多湖泊。莺脰湖在江苏吴江西南方向，因形状像莺脰而得名。杭州虎跑山虎跑寺有泉水从山中岩石间流出，名叫虎跑泉。据说唐元和年间，性空大师驻禅寺中，因没有水源，打算迁往别处。晚上做梦见有神人派老虎移来水源。第二天寺中果然来了两只老虎，用爪跑（刨）出山泉，泉水甘甜清冽，不同寻常。

近游束晳，诡术尸佼　晋束晳是汉太傅疏广的后代，因躲避战乱改"疏"为"束"离开家乡，后来官居著作郎，不慕功利，曾作《近游赋》。尸子，名佼，战国时晋国人，曾做过商鞅的宾客。著有《尸子》二十篇，多用诡术。唐韩愈《送孟东野序》中说："孟轲、荀卿，以道鸣者也。邹衍、尸佼、孙武、张仪、苏秦之属，皆以其术鸣。"

翱狂晞发，嵇懒转胞　南宋谢翱，曾为文天祥咨事参军，文天祥被杀害后。谢翱对此悲痛不已，设文天祥神位祭祀，并作歌招文天祥

译文

尊重原文，对每字每句用白话文释义，让读者在欣赏原著的基础上，深刻领会作者的思想。

阅读导航

目录
MULU

龙文鞭影

卷一

卷二

卷三

目录

卷　四

龙文鞭影二集

上　卷

目录

MULU

下卷

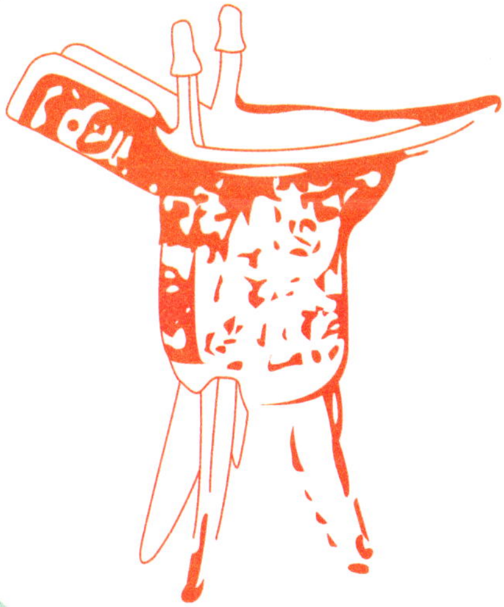

龙文鞭影

卷一

一东

粗成四字，诲尔童蒙 本书是古代专供儿童的启蒙读物，是用通俗的四言韵文写成的。

红书暇日，子史须通 在读儒家经典的时候，还要读诸子百家的著作和史书。

重华大孝，武穆精忠 重华是舜的号。舜的父亲、继母、异母弟对舜很不好，但舜仍然很孝顺父母，友爱兄弟。故孔子称他为“大孝”。岳飞一生精忠报国，却被宋高宗和秦桧害死。后宋孝宗给他平反，追谥武穆。

尧眉八彩，舜目重瞳 传说尧的眉毛有八种颜色，舜的眼中有两颗瞳仁，都是帝王之相。

商王祷雨，汉祖歌风 商汤王时连年大旱，太史占卜说应杀人祭天以求雨，商汤王剪发、断甲，数说自己的六条罪状后，大雨倾盆而下，滋润了数千里之地。刘邦征讨英布，班师途中路过家乡，宴请乡亲，他高歌道：“大风起兮云飞扬，威加海内兮归故乡，安得猛士兮守四方。”

秀巡河北，策据江东 刘秀，任破虏将军时，率军平定河北。后建立东汉政权。孙策十八岁时与周瑜商定了平定江东的计划，降服各地反抗力量，占据了江东。

太宗怀鹞，桓典乘骢 唐太宗很敬畏敢于直谏的魏徵。一次正在玩耍鹞子，魏徵奏事，便匆忙将鹞子藏在怀中。魏徵装作不知道，奏事时故意推延时间，最终将鹞子闷死了。汉灵帝时桓典为官刚正不阿，深为宦官所嫉恨。他常骑一匹青白色的马，京城人告诫："行行且止，避骢马御史。"

嘉宾赋雪，圣祖吟虹 梁孝王宴请邹阳、枚乘、司马相如，见雪作赋。朱元璋微服出访做《虹霓》："谁把青红线两条，和风甘雨系天腰？"叫彭友信续诗。彭友信道："玉皇昨夜銮舆出，万里长虹架彩桥。"明太祖下诏任彭友信为布政使。

邺仙秋水，宣圣春风 唐李泌七岁就能写文章。唐高宗召他入宫考试，张说和贺知章称他为神童。后来李泌做了宰相，封为邺侯，人称"邺仙"。汉武帝问东方朔："孔子、颜渊谁更胜一筹？"东方朔说："颜渊的道德像桂香一样弥漫一山；孔子的道德似春风般令万物生长。"汉平帝追谥孔子为褒成宣尼公，后又称"宣圣"。

王伦使虏，魏绛和戎 南宋王伦多次出使金国，与金人约定议和。戎狄侵略晋国，魏绛主张讲和。此后，晋国九次大会诸侯，全是魏绛的功劳。

田骄贫贱，赵别雌雄 太子路遇田子方行礼时，田子方说："贫贱之人可以在人面前骄傲，而富人却不可以。"汉赵温认为大丈夫应像雄鸟翱翔，于是弃官而去。

巨伯高谊，许叔阴功 盗贼攻打郡城，荀巨伯不愿丢弃病中的朋友，感动了盗贼，因而保全了郡城。宋许叔微行医救治百姓。一次梦见天神赐官，后考中进士。

和凝衣钵，仁杰药笼 五代和凝中进士时名列第十三，后又做考官，挑选举人，范质也名列第十三。和凝对范质说："你继承了我的衣钵。”后来范质的官职与和凝相同。唐元澹对狄仁杰说：“地位低的人侍奉地位高的人，就像富贵之家储备美食药物用来享用、治病一样。您门下充作美味的人已经很多了，您愿意把我作为药物储备吗？”狄仁杰说：“您正是我不可缺少的药物啊。”

义伦清节，展获和风 北宋沈义伦志行高洁，衣食简单，气节过人，被任命为枢密副使。展禽，名获，春秋时鲁国人，跖（春秋农民起义领袖）的兄长。死后他的门人封其谥号为惠，时有柳下惠之说。

占风令尹，辩日儿童 春秋时，尹喜占卜风向，知有圣人经过，果然老子骑牛而来，传授他练气内修吐纳之法，又传授他《道德经》五千字方离去。孔子东游列国见两个小孩辩论太阳何时离人近、何时离人远，问孔子，孔子不能作答。

敝履东郭，粗服张融 《史记》载：汉武帝时，士人东郭先生生活贫困，衣不遮体，鞋子有面无底，受到路人嘲笑，他却逍遥自在。南朝齐高帝认为张融虽生活俭朴，但衣服粗劣破旧，过分褴褛，有损朝廷威仪，因而赐旧衣一套。

放歌渔者，彭枻诗翁 唐崔铉做江陵太守时，有渔夫在楚江上垂钓，钓得鱼后便拿去换酒喝，并常引吭高歌。崔铉问他：“你是隐士吗？”渔夫回答说：“姜子牙、严子陵是隐士，却不知道是以隐居来钓取名利。”宋卓彦恭在洞庭湖，见月下有一老翁在泛舟，问道：“有鱼吗？”老翁回答说：“没有鱼却有诗。”言毕敲枻唱道：“八十沧浪一老翁，芦花江上水连空。世间多少乘除事，良夜月明收钓筒。”

韦文朱武，阳孝尊忠 十六国时前秦韦逞之母奉苻坚之令在家设讲堂，隔纱帐向学生传授家传《周官礼注》。东晋朱序镇守襄阳城，苻坚派兵围城，朱序之母韩氏率领城中女子及婢女筑城二十多丈，号称“夫人城”。汉王阳出守益州，至九折坂见山路崎岖艰险，认为身体发肤受之父母，应当珍惜，于是返回。后王尊为益州刺史，过九折坂时，知道此处为王阳所怕之山道，却仍驱车直过。世称王阳为孝子，王尊为忠臣。

倚闾贾母，投阁杨雄　战国王孙贾侍奉齐湣王，五国伐齐，齐湣王被杀。王孙贾之母说："你出门，我就斜靠在巷口眺望，现在齐王出逃不知下落，你还回家干什么呢？"王孙贾率兵杀掉杀害齐湣王的楚将淖齿，立齐湣王之子为王，齐国安定。汉杨雄因犯死罪的学生在供词中牵连到自己，害怕得从天禄阁上跳下，差点摔死。

罗敷陌上，通德宫中　汉王仁之妻罗敷乃美女，在路边采桑时，太守对她一见钟情，但罗敷即作《陌上桑》表示自己的坚贞不渝。汉伶玄的小妾赵通德原是赵飞燕的使女，常给伶玄说赵飞燕姐妹俩在宫中之事。伶玄说："一切都过去了！当年尽情享乐，为所欲为，可知道日后终将归于荒田野草吗？"通德凄然泪下。

二　冬

汉称七制，唐羡三宗　西汉高帝、文帝、武帝、宣帝，东汉光武帝、明帝、章帝，皆仁义贤明，徭役少、刑罚轻，两汉兴盛，为人称道。唐朝二十一位皇帝中，唐太宗除隋之乱；唐玄宗励精图治；唐宪宗平藩叛乱，重振唐朝，后人称为杰雄。

魏公切直，师德宽容　北宋魏国公韩琦，为人正直敢言，宋仁宗时任宰相，下令撤去曹太后听政所挂帘子；要求太后照顾病中的宋英宗；进谏停止实行青苗法。武则天掌权时宰相娄师德气量大，推举狄仁杰为宰相，狄却排挤他。当狄看到娄师德的荐书后感叹道："娄公大德，我为他所宽容已经很久了。"

祢衡一鹗，路斯九龙　祢衡是汉末名士。孔融向曹操推荐他做官，认为一定会有好成绩，并说："凶猛的鸟成千上万，还不如一只鹗鸟。"但因祢衡为人狂傲，后被黄祖所杀。唐张路斯曾任宣城县令，生有九子，人称“九龙”。

纯仁助麦，丁固梦松 北宋范仲淹之子范纯仁运斛麦回苏州，碰上石曼卿，见他生活困难，将麦子和船都送给了他，受到范仲淹赞赏。汉丁固年轻时梦见肚子长了棵松树，解梦人说：“松字拆开为‘十八公’，十八年后你会被封公。”后果如其言。

乐羊七载，方朔三冬 东汉乐洋子远游求学，因想家即归，其妻割断织机上的帛说：“你学业未成中途归来，和割断这匹帛有何不同呢？”乐洋子听后重新出外求学，七年不归，终学业有成。汉武帝即位后，东方朔上书说：“我十二岁时开始学习文字，用了三年时间，为学习文史打下了基础；十五岁时学习击剑；十六岁时学习《诗经》《尚书》；十九岁时学习孙吴兵法，作为陛下的大臣，我想我的才学已经

够了。”

郊祁并弟，谭尚相攻　宋时胡僧为宋郊、宋祁相面，言宋祁能中状元。十年后，胡僧又遇宋郊，惊异神色与前次大不一样，说他日后也能中状元。后宋氏兄弟同中进士。汉末冀州牧袁绍死后，其子袁谭、袁尚互相攻杀，曹操乘机消灭了他们。

彩鸾书韵，琴操参宗　晋吴猛之女彩鸾嫁给了文箫，因生计每天抄写韵书，卖了补贴家用。北宋苏轼在杭州与歌妓琴操游览西湖，对琴操说：“我来当长老，你试着来参悟禅理。”琴操问：“何为湖中景？”答曰：“落霞与孤鹜齐飞，秋水共长天一色。”又问：“何为景中人？”答曰：“裙拖六幅潇湘水，髻挽巫山一段云。”琴操恍然大悟，削发为尼。

三　江

亡秦胡亥，兴汉刘邦　胡亥为秦始皇的小儿子，后登基为秦二世，他昏庸暴虐，后赵高专权，人民反抗，秦灭亡。汉高祖刘邦曾任泗水亭长，任用张良、萧何、韩信等人破秦灭楚，建立了西汉王朝。

戴生独步，许子无双　东汉戴良颇有才能，谢季孝问他：“天下谁可与你相比？”答曰：“无人可比。”东汉许慎，博学多才，精通经书典籍，有“五经无双许叔重”之称。

浩从床匿，崧避杖撞　唐孟浩然，四十岁时游学京师，在王维家恰碰唐玄宗，忙躲于床下。东汉汉明帝误责公卿大臣，一次因事怒打郎官药崧，药崧只好躲到床下。

刘诗瓿覆，韩文鼎扛　刘基，助朱元璋成就了帝业，被封为诚意伯，著有《覆瓿集》等。韩愈，唐代文学家，曾做诗云：“龙文百斛鼎，笔力可独扛。”世称“韩文扛鼎”。

弩名克敌，城筑受降 宋韩世忠率军抗击入侵的金兵，为阻挡敌骑兵而制造能克制敌人的弓，可射百步之远，力量极大。受降城在山西大同西北。一说认为是汉武帝时公孙敖所筑，另有一说为唐朔方总管张仁愿所筑。

韦曲杜曲，梦窗草窗 陕西西安城南有韦曲，为唐韦安石的别墅；杜曲，为唐杜佑的家业。南宋吴文英，号梦窗；南宋末年周密，号草窗，两人皆精于作曲。

灵征刍狗，诗祸花龙 三国魏周宣善于解梦，一人问他梦见刍狗为何预兆，答曰："你将得到饮食。"过几日此人又说梦见刍狗，周宣说："你将翻车断腿。"后此人又说梦见刍狗，周宣说："你家将有火灾。"几天后，此人说："我三问都不是梦，只是想试试你的本领罢了，然而为什么都应验了呢？"明高启曾题《宫女图》道："女奴扶醉踏苍苔，明月西园侍宴回。小犬隔花空吠影，夜深宫静有谁来？"明太祖认为他讽刺自己，借事将其杀了。

四　支

王良策马，傅说骑箕 春秋时王良善于驭马，传说死后化成星宿。《黄帝占》中说：如果四马参差不齐，天下就会安宁；如果四马并行，王良举起马鞭，那天下将会动荡不安。傅说是殷商王武丁时的贤相。现箕星和尾星中间有一颗星叫傅说。传说傅说明亮，则皇帝多子多孙；傅说失去光彩，天下将大乱。

伏羲画卦，宣父删诗 相传上古时代曾有背上画有阴阳奇偶图的龙马在黄河浮出水面，伏羲氏得见而画成八卦：乾☰（天）、兑☱（泽）、离☲（火）、震☳（雷）、巽☴（风）、坎☵（水）、艮☶（山）、坤☷（地）。唐太宗下诏尊孔子为宣父。他将当时流传的三千多篇诗删选为三百十一篇，就是《诗经》。秦汉时有六篇散失。

寅陈七策，光进五规 宋胡寅向高宗献七条计策：一是罢和议而修战略；二是置行台；三是务实效；四是起天下之兵；五是迁都荆襄；六是选宗室；七是存纪纲。宋司马光曾向仁宗进献五条规劝意见：保业、惜时、远谋、谨微、务实。

高逢白帝，禹梦立彝 汉高祖刘邦未发迹前，一次黑夜醉酒杀死一挡路大蛇，后有人见一妇哭曰：“我儿为白帝之子，化作蛇横在道路上，现被赤帝之子杀死了。”传说大禹治水至衡山，梦见一自称玄彝苍水使者的男子对他说：“你如果想得到我的简册，就请到黄帝宫斋戒。”大禹依言前往，果然得到金简玉牒。

鲁恭三异，杨震四知 东汉鲁恭为中牟县令时，邻县苦于蝗灾，而中牟县却无蝗虫。邻县的肥亲到中牟县，见一雉鸡经过小孩，肥亲问：“为何不捉住它？”小孩答：“这只雉鸡正带着小雉鸡呢。”肥亲感叹说：“蝗虫不入县境，教化延及草木禽兽，小孩子也有仁义之心，这三件事与众不同啊！”汉杨震出任东莱太守，路过昌邑县，县令王密乘黑夜向杨震送礼遭拒绝，王密说：“黑夜无人知此事。”杨震说：“天知、地知、你知、我知，怎么说无人知道？”王密惭愧离去。

邓攸弃子，郭巨埋儿 晋邓攸曾因石勒作乱带全家出逃，路遇强盗，于是弃亲子背着侄子逃走。汉郭巨生活贫穷，不能很好地供养母亲，决定将儿子活埋。他挖土三尺，发现一坛黄金，上用红字写道：“天赐孝子郭巨，官不能夺，人不得取。”

公瑜嫁婢，处道还姬 宋钟离瑾，字公瑜，嫁女时，为女买一婢女，后发现该女乃前任县令之女，于是将两女一同嫁了。五代末年，陈国大乱，驸马徐德言与妻乐昌公主各执半面镜子逃生。陈灭之后乐昌公主成为隋越国公杨素家的侍妾。后依约让仆人到都市高价卖半面镜子，徐德言见后，拼合镜子，并题诗：“镜与人俱去，镜归人不归。无复嫦娥影，空留明月辉。”杨素闻知，送还了乐昌公主。

石虔矫捷，朱亥雄奇 东晋桓石虔行动敏捷，英勇无比，随父入关作战，威震四方。一次桓冲陷入敌阵，桓石虔飞马向前，在千军万马中救出了桓冲。战国时大梁人朱亥，英勇且侠义，奉信陵君之命前往秦国，被秦王关于虎圈中，朱亥对老虎怒目而视，老虎不敢动，秦王于是以礼送他回国。后信陵君窃符救赵，朱亥用袖藏的四十斤大铁锥击杀晋鄙，保全了赵国。

伯俞泣杖，墨翟悲丝 汉伯俞十分孝顺，一次犯错母亲用杖打他，母亲问他："从前我打你，你一声不哭，为什么这次哭呢？"伯俞回答说："前几次打，我觉痛，知母亲身体健康；这次感觉不痛，知母亲体衰力弱，因此哭泣。"战国时墨翟，见染丝人，就悲叹道："丝在青色染料中就变成青色，在不同颜色的染料中就变成不同的颜色，所以不可以不谨慎啊！不只是染丝，治理国家也是这样。"

能文曹植，善辩张仪 曹植，字子建，曹操三子，十岁就能写文章，有神童之称。谢灵运曾说："天下才共一石，子建独得八斗。"张仪，战国时魏人，曾随鬼谷子学习，主张连横，善于游说，后说服六国割地事秦。

温公警枕，董子下帷 北宋司马光，被封温国公，喜欢读书，怕睡熟了浪费时间，就用圆木做枕头。这种枕头易倾斜转动，人易被惊醒，因此称"警枕"。西汉董仲舒治学勤奋，为潜心研究学问，曾把自己关在房中，放下帷幔，三年目不窥园。

会书张旭，善画王维 唐张旭擅长草书，所写之字如有神助，在看了公孙大娘舞剑之后，书法功力更加精进，人称"草圣"。唐王维，字摩诘，诗画俱佳，苏轼曾说："味摩诘之诗，诗中有画；观摩诘之画，画中有诗。"

杜畿国士，郭泰人师 汉末杜畿拜访侍中耿纪，住在耿纪隔壁的尚书令荀彧听到他谈话，认为杜畿乃奇才。他派人对耿纪说："有国士却不向朝廷举荐，你凭什么做现在这个官呢？"并将杜畿荐于朝廷。汉魏昭小时候，请求服侍郭泰，郭泰说：“你应当认真读书，精研经义，为什么要用这样的方法来接近我？”魏昭说：“传授经书的老师很容易找到，为人师表的老师却很难碰到。我想用我素丝般的本质来接近你，接受你的调教。”

乘风宗悫，立雪杨时 南宋宗悫，小时说自己的志向为“愿乘长风破万里浪”。北宋杨时四十岁时拜程颐为师，对程颐十分恭敬。一次程颐小睡，堂下积雪已一尺厚，杨时仍立于堂下。

阮籍青眼，马良白眉 三国魏阮籍，“竹林七贤”之一，能用青白眼看人，见到俗气的客人就用白眼相待，喜欢的则用青眼相待。汉末马良，眉毛之间有白色的毫毛，乡人称：“马氏五常，白眉最良。”

钱昆嗜蟹，崔谌乞麋 宋秘书监钱昆爱吃螃蟹，一次想谋求外住，别人问他想去哪，他说：“只要那个地方有螃蟹而又还没通判就行。”北宋权臣崔暹之兄崔谌，曾向李绘索要麋角和鸽羽，李绘回信说：“鸽有六片飞羽，一飞就能冲天而上，麋有四条腿，一跑就能跑到偏远的地方。下官手脚迟钝，追不上鸽子和麋鹿，没有办法讨你的喜欢。”

隐之卖犬，井伯烹雌 晋吴隐之家境贫困，女儿将出嫁时，友人派人送东西至吴家，发现吴家婢女正准备去卖一条狗。春秋时百里奚在楚国做苦役，秦王惜才，用五张羊皮赎回他，拜为国相，其妻得知后，也到了秦国。一日百里奚弹琴，他雇的洗衣妇拿过琴弹唱道：“百里奚，五羊皮。忆别时，烹伏雌，炊扊扅。今日富贵忘我为？”百里奚一问，方知是以前的妻子，夫妻于是团聚。

祖莹称圣，潘岳诚奇 南朝祖莹，八岁就通晓《诗经》《尚书》。常在晚上苦读。当时号称“圣小儿”。晋潘岳才貌双全。少年时出行，女子争相向他投掷果子。乡人称他为奇童。

毓会窃饮，谌纪成糜 三国钟繇之子钟毓、钟会小时偷药酒喝，钟繇装睡察看他们。事后，钟繇问钟毓为何喝酒前先拜一拜，钟毓说:“喝酒是用来养成礼节的,所以不敢不拜。”又问钟会为何不拜就喝了,钟会说:“偷本来就不合礼节,所以不拜。”汉陈寔和两个儿子陈纪、陈谌号称“三君”。陈纪、陈谌小时,因听客人与父亲谈话,将饭做成了糜(粥),陈寔见两人复述谈话内容丝毫无误,便说:“有糜就可以了,何必一定要饭呢?”

刘公殿虎,庄子涂龟 北宋刘安世做谏官时,知无不言,言无不尽,有时为了让皇帝接纳他的谏言,会重复进谏四五遍,人称“殿上虎”。楚威王想将国内之事托给庄周,派人去看他,庄子说:“我听说楚国有只神龟,已死了三千年,大王把它盛在竹盒里,用布巾包着,藏在庙堂之中,请问,这只神龟是愿意死了留下一把骨头让珍惜呢,还是愿意活着拖着尾巴在泥地里爬?”来人说:“当然活着好。”庄子说:“那么请你们走吧!我也愿意活着拖着尾巴在泥地里爬。”

唐举善相,扁鹊名医 战国蔡泽曾请唐举看相。唐举说:“你的寿命从现在算起还有四十三年。”蔡泽说:“只要生活富足,有权势,四十三年够了。”后蔡泽成了秦国宰相。魏文侯问扁鹊:“你们兄弟三人,哪个医术最好?”扁鹊说:“长兄看病,只能治外表,名气不出家门;二兄看病,只能治到毫毛为止,名气也不出里巷;我看病,能够针刺血脉,敷毒药于肌肤之间,因此能名闻于诸侯。”

韩琦焚疏,贾岛祭诗 宋韩琦曾为谏官,后将积累下来的奏疏稿都烧掉,只留七十多份稿子,合为《谏垣存稿》。唐贾岛每年除夕之夜,要检点一年所作之诗,用酒肉祭祀,说:“做诗费了我许多精神,现在用这些东西来做些补偿。”

康侯训侄,良弼课儿 宋胡安国,字康侯,有一侄小时顽劣,凶暴狡黠,难以管制。胡安国将他关在空房中,放了一千多卷书,后来他的侄子中了进士。宋余良弼善于教育子女,曾做诗道:“白发无凭我老矣,青春不再汝知乎?年将弱冠非童子,学不成名岂丈夫!”以此勉励儿子发奋读书。

颜狂莫及，山器难知　南朝宋颜延之，文章冠盖世，宋文帝问他几个儿子的才能，他说："竣得臣笔，测得臣文，得臣义，曜得臣酒。"宋文帝又问："谁得卿狂？"颜延之回答说："无人可及。"晋山涛，"竹林七贤"之一。羊祜与晋武帝谋划讨伐吴国，山涛说："外部安宁了一定会有内部的忧患，暂且放过吴国，把它作为我国外部的畏惧力量，难道不是好计策吗？"大家极佩服他的深谋远虑。

干椹杨沛，焦饭陈遗　汉末杨沛担任新郑县令时，让百姓积贮了很多桑椹干和豆子。后曹操行军路过新郑，手下一千多人没有军粮，杨沛进献了桑椹干和豆子，曹操大喜。晋陈遗，因母亲爱吃锅底焦饭，所以常将焦饭贮存起来，带给母亲，后随部队出征，大败，许多人饿死了，陈遗却靠着平时贮存的焦饭活了下来。

文舒戒子，安石求师　东汉王昶，字文舒，他曾告诫儿子："事物速成则速亡，成就较晚的反而能善终。把弯曲作为伸展的准备，把谦

让当作美德,使柔弱内含刚强,那么就一定会成功。如果有人说你坏话,你就应该退一步从自己身上找原因。”北宋王安石想替儿子找个学问渊博、品德高尚的教书先生。有人问:“找个启蒙老师,何必要求这么高呢?”王安石说:“先入者为主。”

邓云艾艾,周曰期期 三国魏邓艾应对敏捷,但说话结巴,一次钟会戏弄他说:“你称艾艾,到底有几个艾?”邓艾回答说:“凤兮凤兮,本来就只有一只凤。”汉周昌为人敢于直言但有口吃,得知汉高祖想改立太子,急道:“臣口虽不能言,然而期期知道不能这样做。陛下想改立太子,臣期期不接受诏令。”

东阳巧对,汝锡奇诗 明李东阳年幼聪明过人,皇帝召见他,他跨不过朝堂的门槛,皇帝说:“神童足短。”他答道:“天子门高。”皇帝把他放在膝上,他的父亲跪在地下,皇帝说:“子坐父立,礼乎?”李东阳答道:“嫂溺叔援,权也。”皇帝又说:“螃蟹浑身甲胄。”他对道:“蜘蛛满腹经纶。”北宋陈汝锡,年幼时就极聪明,黄庭坚曾见他所作诗中的一联:“闲愁莫浪遣,留为痛饮资。”极为赞赏。

启期三乐,藏用五知 春秋荣启期在泰山弹唱,孔子问他:“先生高兴什么呢?”答曰:“天生万物,以人最为高贵,我能够作为人,此一乐;男女有别,男尊女卑,我能作为男人,此二乐;有的人在襁褓中就死去了,而我快九十岁了,此三乐。贫穷是读书人很平常的处境,死亡是人的归宿。安于平常的处境,等待归宿的到来,有何不高兴呢?”宋李若拙,字藏用,为人崇尚气节,自号五知,即:知时、知难、知命、知退、知足。

堕甑叔达,发瓮钟离 汉孟敏,字叔达,性格刚毅。一次外出,背上的陶甑突然落地,他却头也不回地继续走,问何故,答曰:“甑已摔破,回头看又有何用?”汉钟离意修整孔庙时,属吏张伯捡到七枚玉璧,藏起一枚,余下的交给钟离意。钟离意发现一个瓮,内壁上书:“后世修吾书,广川董仲舒。护吾车,拭吾履,发吾笥,会稽钟离意。璧有七，张伯怀其一。”

召父杜母，雍友杨师　汉召信臣做官时，爱民如子，百姓称他为“召父”。汉杜诗在任内除暴安良，关心民众疾苦，百姓称他为“杜母”。宋张浚问杨用中：“你曾在梁洋一带做官，那里人谁值得结交呢？”杨用中答道：“杨仲远可以作为老师，雍退翁可以作为朋友。”

直言解发，京兆画眉　唐代宗时贾直言的父亲犯了罪，贾直言代父受罚，后和父亲一同被流放南海，离别前他让妻子董氏改嫁，董氏却用绳子和帛布将头发包起，并说：“这头发只有你的手才能解开。”二十年后，贾直言归来，董氏头发依然如故。汉张敞做京兆尹时赏罚分明，汉宣帝得知他曾为妻子画眉毛，就问他，他答道：“闺房内夫妻间的私事，还有远远超过画眉毛的呢。”

五　微

敬叔受饷，吴祐遗衣　南北朝时何敬叔为长城县令，为政清廉。一年夏天，何敬叔忽然表示愿接受馈赠，几天后共得米二千八百石，全部用于救济贫民。汉吴祐为官清政仁爱，一属吏偷偷用百姓的钱买衣服送给父亲，其父大怒，令其向吴祐自首，吴祐却叫属吏向父亲谢罪，并将衣服送给了他父亲。

淳于窃笑，司马微讥　淳于髡是战国时齐国人。一次楚国攻打齐国，齐威王派淳于髡带上礼物去赵国求援，淳于髡仰天大笑，认为所带礼物太少而想得到的东西却太多。齐威王于是增加礼物，淳于髡到赵国献上厚礼，借得精兵十万。楚军得知，连夜撤军。唐卢藏用曾隐居终南山。后被征为左拾遗，路遇天台山道士司马承祯从京都回山，便指着终南山笑道：“这座山中就有很多好地方，何必一定回天台山呢？”司马承祯说：“照我看，这是做官的捷径罢了。”卢藏用听后十分惭愧。

子房辟谷，公信采薇 汉开国功臣张良，字子房，晚年弃官随赤松子修炼，学得辟谷之术。孤竹国国君的两个儿子伯夷(字公信)、叔齐(字公远)劝止周武王讨伐商纣王，周武王没有听，商灭之后，两人隐居首阳山，采薇充饥，后饿死山中。

卜商闻过，伯玉知非 孔子的学生卜商，有个儿子年纪轻轻就死了，卜商哭瞎了眼睛，曾子去慰问卜商，认为他有三点过错：第一，卜商在洙泗之间随孔子学习，满师后在西河讲学，使西河人误以为卜商就是孔子；第二，卜商双亲去世，却没让大家知道；第三，因儿子早死而使自己双眼失明。卜商听后认为有理，拜倒在地。春秋时卫国大夫蘧瑗，字伯玉，快五十时，认为以前四十九年的许多事都做错了。

仕治远志，伯约当归 晋谢安担任桓温手下司马一职，一次恒得一味名远志的草药，问谢安为何此草药又叫小草，参军郝隆隆(字仕治)应声道："此甚易解，处则为远志，出则为小草。"讽刺谢安看似志向远大，也只不过做一司马而已。汉末姜维，字伯约，热衷功名，收到母亲叫他找中药当归(催他回家)的信后，说道："有良田百顷，就不在乎一亩地，只要有远志，就不在乎当归。"

商安鹑服，章泣牛衣 鹑服，贫苦人的破烂衣服。荀子曾说："子夏(卜商)家很穷，他的衣服短而多补丁，穿着就像鹑鸟一样。"汉王章家境贫寒，一次重病，躺在牛衣下哭着与妻诀别，被妻劝止。做官后，不听妻子劝告想弹劾权臣王凤，被王凤陷害而死。

蔡陈善谑，王葛交讥 北宋蔡襄、陈亚一起饮酒，到兴头上，蔡襄在屏风间戏题道："陈亚有心终是恶。"陈亚立即对了一句："蔡襄无口便成衰。"在座哗然。东晋诸葛令恢与丞相王导争谁的姓在前，王导说："为何不说葛王，而说王葛呢？"诸葛令恢说："比如说驴马而不说马驴，难道就是驴一定胜过马吗？"

陶公运甓，孟母断机 晋陶侃做广州刺史时，政务清闲，于是每天运一百块甓。有人问原因，陶侃答道："我正致力于中原大事，生活太悠闲舒适，怕不能担当大任，所以要劳碌劳碌。"孟母仉（zhǎng）氏，教子有方，一次孟子想弃学做屠夫，仉氏生气地割断织机上的布，说："你荒废学业，就像我今日割断织机上的布一样，前功尽弃了。"孟子听后，勤奋学习，后来学有所成。

六 鱼

少帝坐膝，太子牵裾 晋明帝司马绍是晋元帝的长子，从小聪明过人。一次坐在元帝的膝上，恰好长安的使者来到，元帝就问他："太阳和长安哪个地方远？"他回答说："长安比较近。没有听说过有人从太阳那边来。"第二天元帝大宴群臣，又问这个问题，然而他回答道："太阳比较近。"元帝十分惊奇，问他："为什么和昨天不一样呢？"他回答说："抬头就能看到的是太阳，长安却看不见。"大家听了都大为称奇。晋怀愍（mǐn）太子小时候就很聪明。五岁时，一天晚上宫中失火，晋武帝登楼察看火势，怀愍太子牵着武帝的衣裾，把武帝拉到暗处。武帝询问原因，太子说："晚上事发仓促，应该有所防备，不应该接近火光，让它照见皇帝。"

卫懿好鹤，鲁隐观鱼 春秋时卫懿公很喜欢鹤，他养的鹤有俸禄官位，后来狄人攻打卫国，国中百姓都说："叫鹤去打仗吧，鹤有俸禄官位，我们为什么要去打仗呢？"结果卫国大败，卫懿公也被杀死了。春秋时鲁隐公想到棠地去观鱼，臧僖伯劝阻说："国君是百姓的管理者，一举一动都要为了国家大事。"鲁隐公不听，臧僖伯就托病没去。

蔡伦造纸，刘向校书 东汉宦官蔡伦，封为龙亭侯。他发明了用树皮、麻头、破布、旧渔网为原料的造纸术，造出来的纸当时人称“蔡侯纸”。汉刘向，曾经校阅群书，写成《别录》一书，是我国最早的目录学著作。

朱云折槛，禽息击车 汉成帝时，朱云因上疏请求借尚方宝剑斩佞臣张禹，激怒汉成帝，要把朱云拉去砍头。朱云绊断了宫殿的门槛，大声呼叫：“臣能够追随龙逄、比干于黄泉之下，足够了！”成帝饶恕了他，并命令不要修理门槛，保持原样用来表彰忠诚正直的臣子。春秋时期禽息向秦穆公推荐百里奚，秦穆公没有接受。禽息以头撞车，脑浆都流了出来，说：“臣活着对国家没有益处，还不如死去为好。”秦穆公感悟，重用百里奚，秦国因而大治。

耿恭拜井，郑国穿渠 东汉耿恭，光武帝时奉命攻打匈奴，占据疏勒城后，被匈奴兵包围，并断绝了水源，耿恭就叫人凿井，凿了十五丈深，却没有一滴水。耿恭整整衣冠，向井拜了两拜，一会儿，泉水就喷涌而出。匈奴兵以为有神灵在帮助耿恭，于是撤去。战国时韩国为使秦国劳民伤财，就派遣水工郑国游说秦国开凿渠道，引泾水灌溉。后秦王发觉了韩国的阴谋，郑国说：“韩国只不过想延长几年的寿命罢了，然而修成渠道对于秦国来说却是万世之利。”秦王于是让郑国继续修渠，工程完工后，可灌溉良田四万多顷。

国华取印，添丁抹书 五代曹彬，周岁抓周时，左手拿兵器，右手拿礼器，另外还拿了一个官印，大家都觉得此乃奇事。后来他追随宋太祖，率军灭掉后蜀，平定江南，因功封为鲁国公。唐卢仝之子添丁，小时就喜欢在书上乱涂乱抹，常把书涂得很黑，所以卢仝戏为诗道：“忽来案上翻墨汁，涂抹诗书如老鸦。”

管宁割席，和峤专车 东汉管宁年轻时很好学。他有一次与华歆同坐在一张席上学习，因华歆丢开书本出去观看经过的一辆华车，管宁将席子割开对他说：“你不是我的朋友。”晋和峤从小就树立了高尚的品格。后做了中书令。按晋朝的制度，中书监、中书令同乘一车。和峤因看不起中书监荀勖的为人，最终专车而坐。

渭阳袁湛，宅相魏舒 《诗经·秦风·渭阳》中有“我送舅氏，曰至渭阳”之句，后世以“渭阳”称舅甥情谊。晋谢绚曾在公开场合戏弄他的舅舅袁湛，袁湛忍受不过，说：“你父亲以前看不起舅舅，你现在又来欺负我，世上哪有什么渭阳舅甥之情！”晋魏舒小时候由外婆宁氏抚养。宁氏造了房子，相宅的人说：“这家会有一个好外甥。”魏舒听后说：“此话必定应验。”晋武帝时魏舒官拜司徒。

永和拥卷，次道藏书 北朝魏人李谧，年轻时整天埋头苦读。他经常感叹：“大丈夫拥书万卷，哪里有空去做官呢？”多次推辞官府征召，一心做学问。晋宋次道喜好藏书，所藏的每本书都校订过三五遍，当时的藏书大多以宋次道家的为善本。

镇周赠帛，宓子驱车 唐张镇周，武德年间升迁为舒州都督。就任前在老家宴请亲友并分赠他们金银布匹。上任之后，张镇周办事公平，境内十分清静。春秋时人宓不齐，赴任单父县令。未到单父，驾车来迎接他的人已站满了路旁，宓不齐把他们全部赶走。到了单父，他尊重耆老重用贤人，把单父治理得很好。

廷尉罗雀，学士焚鱼 汉翟方进做廷尉时，宾客盈门，等到罢了官，就门可罗雀了。后来翟方进被起用，他就在门上写道：“一死一生，乃知交情；一贫一富，乃见交态；一贵一贱，交情乃见。”南朝张褒，梁天监年间被御史弹劾为不称学士职。张褒大怒道：“青山是不会辜负我的。”于是烧了佩带的银鱼离去。

冥鉴季达，预识卢储 宋杨仲希，曾客居人家。遭主人妻子调戏，他严词拒绝。杨仲希的妻子梦见一人对她说：“你丈夫独处他乡，坐怀不乱，神明知道了这件事，他将会中状元。”第二年，杨仲希果然中了状元。唐卢储带着平时写的诗文去拜谒尚书李翱，李翱的大女儿看了卢储的诗文，说：“此人必能中状元。”李翱于是招卢储为婿。第二年，卢储果然中了状元。

宋均渡虎，李白乘驴　汉宋均做九江太守时，郡内老虎很多，伤害了不少人。宋均说：“老虎现在成为百姓的祸害，罪在残忍的官吏身上。必须斥退小人，进用君子，这样就可以把陷阱全部撤去。”后来老虎都渡江离去。李白有一次骑驴经过华阴，被当地县令抓了起来。李白要过笔砚写道：“予生西蜀，身寄长安。天上碧桃，惯餐数颗。月中丹桂，曾折高枝。曾使龙巾拭唾，御手调羹，贵妃捧砚，力士脱靴。想知县莫尊于天子，料此地莫大于皇都。天子殿前尚容吾走马，华阴县里不许我骑驴。”县令看后大惊，连忙谢罪。

七　虞

西山精卫，东海麻姑　《山海经》中说：炎帝的小女儿，不幸淹死在东海，她的冤魂化作一只鸟，名叫精卫，经常飞到西山衔来木石投入海中，想填平东海。晋葛洪《麻姑传》载：仙人麻姑曾说：“我已亲眼目睹三次东海变成桑田了。”

楚英信佛，秦政坑儒　东汉光武帝的六子刘英，被封为楚王。汉明帝时他派遣使者到天竺求佛，带回一些佛经和几个僧人，中国从此开始传播佛法。秦始皇嬴政厌恶儒生们在大街小巷议论他的是非，生怕老百姓受到蛊惑，于是下令焚烧《诗经》《尚书》及诸子百家的著作，并活埋了四百六十多名儒生。

曹公多智，颜子非愚　汉末曹操足智多谋，人称他为“治世之能臣，乱世之奸雄”。颜回，春秋时期鲁国人。他天资聪明睿智，孩童时就在孔子门下学习。孔子曾说：“颜回此人从不违背礼义之道，但看上去却有点愚笨。”

伍员覆楚，勾践灭吴　伍员是楚国大臣伍奢的儿子。伍奢因进谏触怒平王被杀，伍员逃奔吴国，后领兵讨伐楚国。平王已死，攻入

郢都，后从墓中掘出平王尸首，鞭打了三百下。春秋时吴王夫差攻入越国，越王勾践，与吴国议和。他回国后卧薪尝胆，立志报仇，最后消灭了吴国。

君谟龙片，王肃酪奴 龙凤团茶是宋代印有龙凤花纹的圆饼形贡茶，北宋丁谓首创。刚开始时，每斤有八饼。后来蔡襄开始制造小片龙茶，每斤有二十饼。南朝王肃刚到北方时不吃羊肉酪浆，经常吃鲫鱼羹，喝茶水。后来与魏高祖相会时，勉强吃了些酪粥。高祖问他："羊肉和鱼羹相比怎么样？茶水和酪浆相比哪个好？"王肃回答说："羊肉好比是齐鲁这样的大国，鱼羹好比是邾莒这样的附庸小国，而茶却只能做酪浆的奴仆。"后人因此把"酪奴"作为茶的别名。

苏秦刺股，焚须李勣 战国时，苏秦向秦惠王游说吞并天下之策，未能得到赏识，落魄而归，于是发奋攻读《阴符经》。困了，就用锥子刺大腿，清醒后继续读书。后学问大有长进，最后他说服了六国合纵抗秦。唐徐世勣立有大功，唐太宗赐姓李，改名李勣。一次，他姐姐生病，李勣亲自为她煮粥，柴火烧掉了他的胡须。姐姐说："家里丫环仆人多的是，何必自己动手？"李勣说："不是因为没人做，而是如今姐姐和我都在变老，我就是想经常为姐姐煮粥，也只怕不能坚持多久了。"

李佳国士，聂悯田夫 汉聂季宝仰慕李膺，却因家世卑微不敢求见。李膺知道了，就请见了他。两人一交谈，李膺就说："此人将成为栋梁之材。"后果如其所言。唐末聂夷中善于做诗。他作有《伤田家》诗："二月卖新丝，五月粜新谷。医得眼前疮，剜却心头肉。我愿君王心，化作光明烛。不照绮罗筵，遍照逃亡屋。"

善讴王豹，直笔董狐 王豹，春秋时期卫国人，善于唱歌。受他影响，他家附近的人也都变得善于唱歌了。春秋时晋国的赵穿杀晋灵公于桃源。为了躲避晋灵公的迫害而出逃在外的赵盾听到消息后，回到国都，但并没有讨伐赵穿。太史董狐执笔直书："赵盾弑其君。”出示给朝中百官看。后来孔子说：“董狐是古代的良史，他的记事原则是对什么事都秉笔直书，不遮遮盖盖。”

张侯化石，孟守还珠 汉张颢曾任梁王的相国。一天雨后，他见一只鸟跌落在地面，化成一块圆石。大为惊奇，便将圆石打破，得到一方刻有“忠孝侯印”四字的金印。皇帝知道后把这方金印收藏在秘府之中。汉孟尝，曾为合浦太守。合浦海中盛产珍珠，但由于前任太守贪婪成性，滥行采捞，珠贝都跑到交趾水域去了。孟尝到任后，革除弊政，使珠贝又回来了，货物交易十分便利，老百姓也得到了极大好处。

韦述杞梓，卢植楷模 安禄山叛乱时，韦述怀抱国史藏于南山。韦述兄弟六人也分别为官。张说曾经说：“韦家兄弟，人之杞梓。”汉卢植，为人刚毅有气节。他是马融的学生。马融讲课时，身旁经常有美姬服侍，但卢植从未看过美姬一眼，马融因此很敬重他。后来董卓在朝中议论废立大事，大家都随声附和，只有卢植反对董卓。曹操曾说：“植名著海内，学为儒宗，士之楷模，国之桢干。”

陈胜辍锸，介子弃觚 秦朝末年，陈胜受雇为人耕地。一天，陈胜放下锸说：“以后如果富贵了，不会忘记了穷兄弟们。”一块干活的人听了都说：“你受雇为人耕地，哪会有什么富贵呢？”陈胜感叹道：“燕雀怎么能了解鸿鹄的大志呢！”后来陈胜领导农民起义，自立为将军，不久又自立为王。汉代人傅介子小时候喜爱读书。后来有一天，他扔掉手中的觚感叹道：“大丈夫怎能做一个儒生了却一生呢！应当到异域立下大功，”于是他投笔从戎立下大功，封为义阳侯。

瑕邱卖药，邺令投巫 唐瑕邱，传说他卖了一百多年的药。战国时期，西门豹在魏国做官。此地非常迷信，每年要将民间少女抛入水中，说是为河伯娶妻。西门豹到任后，又到了这一天，西门豹借故挑出太丑的女孩请大巫师下去报告河伯，将大巫师抛入河中。很久不见大巫师回来，他又下令将两个巫师抛入河中。其余的巫师们见状，十分害怕,纷纷跪地求饶。从此废除了为河伯娶妻的恶习。

冰山右相,铜臭司徒 唐玄宗任命杨贵妃的堂兄杨钊为右相,并赐名国忠。杨国忠专横跋扈,十分嚣张。他的亲信劝说进士张象拜谒杨国忠,张象说:“你们把杨右相当作泰山,我却当他是座冰山。如果太阳出来,你们还能够保住你们的靠山吗?”汉灵帝时崔烈用五百万钱买到司徒一职。他问儿子:“我做三公,外面人如何议论我?”他的儿子答道:“议论的人都嫌弃你有股铜臭味。”

武陵渔父,闽越樵夫 晋黄道真,以捕鱼为生。太康年间,他乘渔船而行,忽见两岸开满桃花,上岸发现了一个石洞,进去不久眼前豁然开朗,仿佛到了另一个世界。只见田野阡陌纵横,村中鸡鸣犬吠,桑竹满园,一派太平景象。这里的人非常热情,他们说祖先为躲避秦末大乱,来到这里,并不知道外面的情况。黄道真出石洞后,向人们讲起这个奇遇,却再也找不到这个石洞了,后来陶渊明据此写了一篇《桃花源记》。闽县东山有个榴花洞。唐永泰年间,樵夫蓝超误入洞门。发现里面很开阔,并有人家。有个老翁对他说:“我们是为躲避秦朝暴政而逃到这里来的,你愿意留下来吗?”蓝超说他想先和亲人朋友告别一下。出来后蓝超觉得恍然如梦,后来再也没有找到这个洞。

郑家诗婢,郗氏文奴 郑玄是东汉大儒,他家的奴婢都识字读书。郑玄有一次罚女婢在泥地中跪着。另一个婢女过来问道:“胡为乎泥中?”那个婢女回答说:“薄言往愬,逢彼之怒。”这两个女婢所说的,都是《诗经》中的诗句。晋郗愔家有一老仆很懂文章,王羲之非常喜欢他,常对刘惔称赞他。一次,刘惔问王羲之:“这个仆人和郗愔比怎么样?”王羲之说:“我只不过说说罢了,怎么把他和郗公相比呢。”刘惔说:“他比不上郗愔,所以只好一直做个仆人。”

卷　二

八　齐

子晋牧豕，仙翁祝鸡　汉商丘人子晋喜欢吹竽，以放牧猪群为生，不食五谷。七十岁未娶妻，容颜一直不老。晋祝鸡翁，养一千多只鸡，每只鸡都有名字，平时都叫鸡的名字。现在的人呼鸡时说“祝祝”，就是从这里来的。

重耳霸晋，小白兴齐　春秋时晋文公名重耳，是晋献公之子。晋献公要立幼子为继承人，重耳逃奔国外。十九年后，重耳归国，当上了国君。他整顿内政，训练军队，平定周室内乱，成为“春秋五霸”之一。春秋时期的齐桓公名小白，是齐釐公的儿子。齐襄公继位后昏庸无道，公子小白逃奔莒国。后齐襄公被杀，小白为齐国国君。他任管仲为相，改革内政，使齐国大兴，成为“春秋五霸”之一。

景公禳彗，窦俨占奎　齐景公二十二年，有彗星出现。景公担忧准备祷祭。相国晏子说：“国君为了享乐，苛捐杂税太多，刑罚太重，老百姓受苦颇深。天空出现彗星，是要人世间除去污秽。现在只要国君改过就行了，何必要祷祭呢？”宋太祖时窦俨为翰林学士，通晓天文星占之术，他曾说：“丁卯年这一年，五星当会聚于奎宿的天区。奎宿主管天下主治教化之事，它对应的地域又正好在鲁国，从此将天下太平。”乾德丁卯年，果如其所言。

卓敬冯虎，西巴释麑 明卓敬十五岁时在宝香山读书，一次夜归，迷了路。路上碰见一物，以为是牛，就骑着回家了。到家一看，才知道是老虎。春秋时秦国人西巴为鲁国大夫孟孙氏的门客。孟孙氏猎获了一只小鹿，西巴不忍心母鹿与小鹿分离，就放掉了小鹿。孟孙氏大怒，把他赶出家门。三个月后，孟孙氏派人去请西巴做儿子的老师。他对西巴说：“您对小鹿尚心怀不忍，如果我把儿子交给您，你一定会尽心教育他的。”

信陵搏鹞，祖逖闻鸡 战国时魏国公子无忌，封信陵君。一次放走一只鸠鸟，却被鹞鹰给吃掉了。信陵君很痛心，说：“鸠鸟投靠我是为了躲避灾祸，我却辜负了它。”于是命令手下捕捉鹞鹰三百多只。他按剑审问道：“你们中谁犯了罪？”有一只鹞鹰低头服罪。信陵君将它杀了，其余的全部放走。从此信陵君名闻天下。西晋末年，北方军阀石勒作乱，攻陷了洛阳。祖逖立志要恢复北方失地。他与刘琨交好，同榻而眠。每天半夜时分听到鸡叫，两人就一起起床练剑。晋元帝时祖逖为豫州刺史，渡江北伐时击楫发誓说：“如果不能扫清中原叛乱而又渡江回来，那么就像这滚滚长江之水一样。”

赵苞弃母，吴起杀妻 东汉赵苞做了辽西太守，便接母亲到任所奉养，没想到经过柳城时，鲜卑人劫持了他母亲，赵苞哭着对他母亲说："我本想奉养母亲，但只恨我又是忠臣，按道义不能怀私恩。"他母亲回答说："人各有命，你怎能为了照顾我而有损于忠义大节呢！"赵苞于是发起猛攻，他的母亲因此被害。吴起，春秋时期卫国人。齐国讨伐鲁国时，鲁国国君想拜吴起为将迎战齐军，但因他妻子是齐国人，因而怀疑吴起能否真心为鲁国效力，吴起知道后，就杀了妻子以表决心。后来有人评论他说："杀妻求为将，毕竟是贪心所致。"

陈平多辙，李广成蹊 西汉陈平年轻时家境贫困，村里有个富人叫张负，他的孙女曾五次嫁人但丈夫都死了，陈平想娶她。张负说："陈平现在虽然贫困，但是与他来往的多是有身份的人，他的门外都是这些人的车迹，他以后一定会发达的。"于是就把孙女嫁给了他。汉代名将李广口才不好，为人谦恭谨慎，像个乡下人，但是世人都十分仰慕他。《史记》称赞他说："桃李不言，下自成蹊。"

烈裔刻虎，温峤燃犀 秦王嬴政二年(前245年)，有个名叫烈裔的工匠雕刻了两只栩栩如生的白玉老虎，但没有点出眼睛。嬴政派工匠夜里去点上了老虎的眼睛，等到清晨，老虎不见了。第二年，南郡进献两只白虎，一看，正是去年飞走的白玉老虎。嬴政命令去掉两只白虎的眼睛，从此两只老虎再也不能飞走了。晋温峤都督江州军事时，路过牛渚，因世人传说牛渚水下有很多水怪，便点燃犀牛角，照着看水底。只见水底有很多奇形怪状的东西，过了一会儿，水下怪物把温峤的火给熄灭了。温峤晚上梦见有人告诉他："你属于阳间，我们属于阴间，阴阳有别，你为何要管我们的事呢？"

梁公训雀，茅容割鸡 唐代名臣狄仁杰，死后被追封为梁国公。早年在他为母亲服丧期间，有驯服的白雀飞来，当时人认为这是一种吉兆。汉茅容的朋友郭林宗来拜访他，茅容杀鸡做饭，把鸡给母亲吃，自己则和朋友一起吃简单的饭食。世人都认为他是个孝子。

九 佳

禹钧五桂，王祐三槐 五代窦禹钧教子有方，他的五个儿子，先后考中进士，人称“五子登科”。冯道赠窦禹钧诗云：“燕山窦十郎，教子有义方。灵椿一株老，丹桂五枝芳。”宋王祐出使魏州，回朝后，因竭力为符彦直辩冤，被贬官。他亲手在庭院中栽槐树三棵，说：“我的子孙一定会出任三公的！”后来他的次子王旦果然做了宋真宗的宰相，于是造了三槐堂来纪念父亲。

敬之说好，郭讷言佳 唐项斯为人清奇雅正，擅长做诗。诗人杨敬之赠诗给他说：“几度见君诗尽好，及观标格胜于诗。平生不解藏人善，到处逢人说项斯。”项斯名气更大了。晋郭讷听歌妓唱歌，石崇笑问他：“你不懂音乐，怎知歌好不好呢？”郭讷回答说：“比如看见美女西施，何必要先知道姓名才识得她的美丽呢？”

陈瓘责己，阮籍咏怀 宋陈瓘在礼部做官，范祖禹说：“像颜回那样不迁怒，不重犯同样过错的品格，只有伯淳才有。”陈瓘听后十分惭愧，认为自己不知道程颢的人品是一种过失。三国魏阮籍容貌出众，志向宏大，才气纵横，是“竹林七贤”之一。写有《咏怀》诗八十多首。

十 灰

朱熹正学，苏轼奇才 宋朱熹，著述儒家六经要义，当时人称：“自从学统中断以来，集诸儒之大成，阐释先圣之要秘的，只有朱熹一人。”宋苏轼，曾为翰林学士。宣仁太后有一次对他说：“先帝每次诵读你的文章，都要赞叹‘奇才！奇才！’但他还未任用你就去世了，所以现在把这个官职授予你。”

渊明赏菊，和靖观梅 东晋陶潜，字渊明，隐居不仕，种菊东篱之下。一次重阳节没酒喝，他坐在菊花丛中痴痴地怅望远方。太守王弘派人来给他送酒。他十分高兴，开怀痛饮。宋林逋隐居西湖孤山二十年，房子四周种满梅花，整天观赏也不觉厌倦。他的咏梅诗中有“疏影横斜水清浅，暗香浮动月黄昏”两句尤其脍炙人口。死后谥号为和靖。

鸡黍张范，胶漆陈雷 汉代张劭与范式是朋友。分别时，约定两年后范式去拜谒张劭母亲。到了日期，张劭请母亲准备好鸡黍。他母亲说：“两年前的约定，何必当真呢！”张劭回答说：“巨卿一定不会违约的。”后来范式果然来了。汉雷义和陈重是朋友。州里举荐人才时，选中了雷义，因没有陈重，雷义也没有应命。后来两人同时被推举为孝廉尚书郎。当时人说：“胶漆自谓坚，不如陈与雷。”

建封受贶，孝基还财 唐代张建封贫贱时，偶遇尚书裴宽，攀谈之后。裴宽认为他是个奇才，便将整座船连同船上的财帛奴仆都送给了他，张建封毫不推辞。后来张建封果然官至节度使。宋张孝基娶同村一富人之女为妻。富人将不肖子逐出了家门，把全部家财都交给了张孝基。后来，张孝基见富人之子真心悔改了，又将家财全都归还给了他。

准题华岳，绰赋天台 宋寇准八岁时作《华山诗》说：“只有天在上，更无山与齐。”他的老师对寇父说：“你的儿子怎能不做宰相呢！”后寇准果然做了宰相。晋孙绰，想弃官归隐。就叫人画下了天台山的形状，自己根据图作了《天台赋》。

穆生决去，贾郁重来 汉楚元王，十分敬重穆生。每次设宴，都要为他特备甜酒。一次，楚元王忘了为他特备甜酒，穆生说：“不为我特备甜酒，表明王爷对我已经厌倦了。”于是决心离去。五代时贾郁为仙游县令。调任时，一个小吏骂他，贾郁怒说：“我再来时一定要惩罚你！”后来贾郁果然再任仙游县令，那个小吏因偷盗库钱而被罚。

台乌成兆，屏雀为媒　汉朱博为御史大夫，门前柏树上有数千只乌鸦栖息，后因称御史台为乌台、乌府。北朝窦毅的女儿从小聪慧过人。窦毅认为女儿是个奇女子，他让人画了两只孔雀在屏风上，发话说以射中孔雀眼睛者为婿。最后李渊射中，娶了他的女儿。

平仲无术，安道多才　宋寇准，字平仲，任宰相后，好友张咏说：“寇公奇才，可惜学术不足。”后又对寇准说：“《汉书·霍光传》不可不读。”寇准拿来《汉书》，读到“（霍光）不学无术”句，笑道：“张公说的就是我呀。”宋张方平，字安道，小时聪明过人，读书过目不忘。他写文章从不打草稿，人称天下奇才。

湘妃泣竹，钼麑触槐　尧帝把两个女儿娥皇、女英嫁给舜。舜死后，娥皇、女英痛哭不止，眼泪把竹子都染上了斑点。后人称这种竹子为湘妃竹。后两人都死于湘江，世称湘妃或湘夫人。钼麑是晋灵公时的大力士。晋灵公指使钼麑去刺杀赵盾。钼麑认为赵盾是个贤相，不忍心杀他，但又无以复命，便头撞槐树自杀了。

十一　真

孔门十哲，殷室三仁　孔庙的祭祀大典，把孔子门徒颜渊、闵子骞、冉伯牛、仲弓、宰我、子贡、冉有、子路、子游、子夏等十人列侍在孔子身旁，称为“十哲”。商纣王无道，箕子因进谏而被囚，王子比干请求纣王洗心革面，改变做法，被纣王把心挖了出来。纣王的堂兄弟微子启逃到了荒野，保存了殷室的宗嗣。孔子认为他们行为虽然不同，但是目的相同，所以称他们为“殷室三仁”。

晏能处己，鸿耻因人　何晏是东汉末年人，从小聪明过人。曹操想收他为义子，何晏就在曹府的地上划了一个方块，称是何姓人的领地，自己站在当中。曹操无奈就把他遣送回家了。东汉梁鸿，从小父母双亡，但很有志气。有一次，邻居烧熟了饭后叫梁鸿趁他的锅还热时赶紧做饭。梁鸿断然拒绝。

文翁教士，朱邑爱民　西汉文翁，汉景帝时为蜀郡太守。他崇尚教化，在蜀郡兴办学校，并派司马相如等人出外学习，归来教授学生。汉代郡国办学，就是从蜀郡文翁开始的。汉朱邑，曾任北海太守，后来入朝为大司农。他临终前嘱咐儿子说："我本是桐乡啬夫，我和百姓互相爱戴，我死后一定要葬在桐乡。"

太公钓渭，伊尹耕莘　姜子牙八十岁时在渭水垂钓，周文王把他接回，高兴地说："我的太公，盼望你已经很久了。"于是称姜子牙为太公望。伊尹是商朝初年的大臣，曾耕种于有莘国，商汤见他很有才能，就把国家大政都委托给他。后来他辅佐商汤消灭了夏朝暴君桀，建立了商朝。

皋惟团力，泌仅献身　唐曹王李皋，曾为江西节度使，教习他所带领的军队以团力之法。李希烈作乱，李皋大败叛将，李希烈再也不敢派兵侵犯江淮地区了。唐代宗时，有一年端午节李泌没有向皇上进献任何礼物。唐代宗问何故？李泌回答道："我全身上下，都是陛下所赐，我所剩下的就只有一个身子了，还有什么可以进献的呢？"唐代宗说："我所需要的正是你的献身精神啊！"

鞅更秦法，普读《鲁论》　商鞅，战国时期卫国人，曾于秦孝公年间先后两次实行变法，奠定了秦国富强的基础。宋赵普是宋太祖、宋太宗两朝时的宰相，每天都要研读《论语》。他曾对宋太宗说："臣有《论语》一部，半部用来辅佐太祖平定了天下，另半部用来辅佐陛下您使天下太平。"

吕诛华士，孔戮闻人　姜太公吕望受封在齐国三次召见华士，华士都不来。姜太公就将他作为逆民杀掉了。孔子担任鲁国司寇后不久就把大夫少正卯杀掉了。他的弟子子贡问他："少正卯是鲁国的闻人(名人),你为什么杀他?”孔子说:“天下最大的罪恶有五种:心中牾逆且阴险,行为怪僻且十分固执,爱说假话且很会辩解,注意的是社会阴暗面且知道的很多,知道事情做得不对却为之遮掩。少正卯一身兼有五恶,不可不除去。”

暴胜持斧,张纲埋轮 汉武帝天汉二年(前99年),泰山、琅琊等地盗贼大起,汉武帝派遣暴胜之等带着斧钺去追捕盗贼,结果当地刺史、郡守以下有很多人伏诛。当地贤人隽不疑对他说:“凡为官吏,太刚则折,太柔则废,只有恩威并用,才可善后。”暴胜之听后动容。汉张纲,汉顺帝时为御史。顺帝派遣他外出巡查风俗,张纲把车轮埋在洛阳都亭,说:“豺狼在朝中当权,追查地方上的狐狸有什么用呢?”于是上书弹劾大将军梁冀等人。

令公请税,长孺输缗 晋裴楷为中书令,每年督促皇亲交税百万,救济百姓。有人讽刺他说:“为何要向皇亲乞取钱财来施惠给老百姓呢?”裴楷说:“损有余而补不足,这是天理。”宋杨长孺为湖州刺史,弹压权贵,政绩卓著。后将要调任之时,将积存的俸禄七千缗,全部代贫困户缴纳租税。

白州刺史,绛县老人 《纂异记》载:唐薛稷曾经梦见一位神仙赐给他纸做的九锡,并拜他为楮国公、白州刺史,统领万军。《左传·襄公三十年》记载:在杞地筑城的工人中有一位绛县的老人,已经73岁了。晋国王卿赵武把老人请来,向他道歉:“让您在泥水里工作这么久,是我的过错。”于是任命老人为官。

郗超造宅,季雅买邻 晋郗超每次听说有品行高洁的人想要退隐,便为其筹集百万钱财,建造房子。南朝季雅买房子住在吕僧珍家旁边,因买房费用很贵,吕僧珍很奇怪,问何故,季雅说:“一百万用来买房子,一千万用来买邻居。”

寿昌寻母,董永卖身 宋朱寿昌七岁时,父亲逼迫妻子改嫁了。朱寿昌长大后,一路刺血为人抄写经书赚钱,终于在四川找到了母亲。汉董永卖身葬父后。忽遇一女子，愿意做他的妻子，并帮他偿还了债务，原来此女是织女。后来织女生下了孩子，送给董永抚养。这就是到现在还流传的七仙女的故事。

建安七子，大历十人 因曹丕在《典论·论文》中曾经把东汉末年建安时期的作家孔融、陈琳、王粲、刘桢、徐干、应玚、阮瑀等并举，给予赞扬，后人称他们为“建安七子”。唐代宗大历年间，卢纶、吉中孚、韩翃、钱起、司空曙、苗发、崔峒、耿沣、夏侯审、李端等十人齐名，均擅长做诗，号称“大历十才子”。

令严孙武，法变张巡 春秋时孙武以兵法进见吴王阖庐，吴王选出宫中美女一百八十人让孙武教她们操练。因宫女们不听指挥，孙武下令杀了两个队长，后宫女们都服从军令，规规矩矩。唐张巡用兵不依旧法，作战时，命令手下的将领各凭自己的意思行事。有人问原因，他回答说：“胡人擅长马上作战，速度很快，阵法变化也很大，所以只要我们士兵能够领会将领的意图，将领能够明白士兵的情况，上下熟悉，能够各自作战，就能获胜了。”

更衣范冉，广被孟仁 东汉范冉年少时和尹包很要好，由于家里都很穷，两人出入时常同穿一件衣服，进门时一人穿，出门时更换给另一人穿。汉末孟仁年少时外出求学，他母亲为他做了厚被大褥。有人问何故，他母亲说：“我儿子没有招徕客人的德行，客人大多贫困，所以做了床大被子，使他便于结交朋友。”

笔床茶灶，羽扇纶巾 晚唐陆龟蒙隐居甫里，经常乘小舟，携茶灶、笔床、钓具而游，自号天随子。三国时，诸葛亮与司马懿对阵于渭南，约定日期交战。战前司马懿派人去打探诸葛亮，回报说，诸葛亮独坐素车，头戴纶巾，手执羽扇指挥，三军随他的羽扇进止，井然有序。司马懿听了叹道：“诸葛亮可以称得上名士了。”

以牛易马，改氏为民 三国魏后期，司马懿掌握朝政，当时《玄石图》中有“牛继马后”的谶语，所以司马懿十分疑忌姓牛之人，曾以毒酒毒死了部将牛金。据说西晋末年恭王妃夏侯氏私通小吏牛氏，生下了司马睿，晋室渡江后司马睿被立为晋元帝，应验了前面的谶语。东汉民仪，本姓氏，孔融取笑他说：“‘氏’字‘民’无上，可改为‘民’。”

圹先表圣，灯候沈彬 唐司空图，字表圣，避乱不仕。他预先做好了冢圹，有朋友拜访，他们就在圹内，赋诗饮酒。唐沈彬，临终时给家人指示了安葬之地。掘墓时挖到三只石莲花灯碗，还有一面铜牌，上面用篆文写着：“佳城今已开，虽开不葬埋。漆灯犹未灭，留待沈彬来。”

十二　文

谢敷处士，宋景贤君 晋谢敷清心寡欲，隐居若耶山十多年，多次拒绝朝廷的征召。宋景公时，上天呈现“祸象”，子韦对景公说：“灾祸将发生在国君身上，但也可转移到宰相或老百姓身上，也可转移到一年的收成上。”景公说：“宰相，是和国君一起治理国家的人；百姓，是立国之本；收成不好，一定会有人饿死，这三者都不能移。”子韦说：“国君有这样的至德之言，祸象就一定会消失。”

袁安卧雪，仁杰望云 东汉袁安曾客居洛阳。一次大雪，洛阳令巡视至袁安门前，见门前没有行人足迹，便进门去看，只见袁安僵卧在床。问他为何不出去，袁安回答说：“大雪天不宜打扰人家。”洛阳令就举荐他为孝廉。唐狄仁杰任并州法曹参军时，亲人都在河南。一次登太行山，见白云孤飞，他感叹道：“我的亲人应当也在这朵白云下面。”

貌疏宰相，腹负将军 宋王钦若相貌疏陋，举止粗野。钱希白很看不起他。有个曾经给王钦若相过面的人对钱希白说：“王钦若的面相是人中之贵相。”钱希白不信。后来王钦若果然官拜宰相。相传曾有一位大将军吃饱喝足后说没有辜负自己的肚子，他的手下对他说：“将军没有辜负肚子，但肚子却辜负了将军。”暗指这个将军胸无点墨，毫无智谋。

梁亭窃灌，曾圃误耘 战国时，梁国大夫宋就任边地县令，辖区与楚国相邻。梁亭和楚亭两地都种瓜，梁人勤于灌水，种出的瓜很甜美；楚人则不浇灌，并于夜间偷偷掐死梁人的瓜。宋就说：“不要以恶报恶，可偷偷地为楚人夜灌其瓜。”梁人依言而行，楚人知道后大为感动，两地人的交情就一天天好了。曾参耘瓜，误断了瓜根，他父亲大怒，用大杖打他。曾参趴在地上默默承受，孔子知道后责怪他说：“舜对待父亲瞽叟，小杖就承受，大杖就逃开。你趴在地上等待暴怒的父亲来打你，你被打死了，就会陷父亲于不义。”曾参认为言之有理。

羊殖益上，宁越弥勤 羊殖，春秋时晋国大夫。年轻时不隐瞒过失，崇尚仁义之道。五十岁时，做了边关将领，身边的人都亲近他，远方的人都愿归附他。赵简子称赞说：“真是贤大夫啊！每变益上。”战国时齐人宁越向朋友请教学问之道，朋友对他说：“你勤学三十年便行了。”宁越说：“别人休息睡觉，我不眠不休。十五年就足够了。”于是发愤苦学十三年，学问大成，成为了齐威王的老师。

十三　元

傲睨昭谏，茂异简言 唐末罗隐，原名横，因十次未考中进士，就改名为隐。他善于写诗，性格傲慢，不同流俗。宋吴简言，以茂材异学科中选，后来官至祠部郎中。

金书梦珏，纱护卜藩 唐李珏，开成年间拜相。曾经梦入一个洞府，见石壁上用金粉书写“李珏”二字，正暗喜之时，一仙童说：“这是广陵的李珏。”他才知是空欢喜一场。唐李藩，曾任宰相。他曾经找葫芦生问卦，葫芦生说：“你是纱笼中人。”李藩当时不甚明白。后新罗国一僧人告诉他，凡是做宰相的人，他的姓名在阴间一定被冥官用纱笼罩着。

童恢捕虎，古冶持鼋 汉童恢任不其县令时，当地许多老百姓被老虎所伤。童恢抓获了两只老虎，对它们说：“按照王法，杀人者死，你们也一样。谁伤过人，那就低头认罪吧。”听了他的话后，一虎闭着眼睛低下了头。童恢于是就杀了它，放了另一只。齐景公渡黄河，有只鼋咬住船头沉入河中，古冶子提剑追下水去。不久只见古冶子左手持鼋头，右手挟船头浮出水面，在场的人都很佩服。

何奇韩信，香化陈元 汉萧何很惊异韩信的才能，便向刘邦力荐韩信。刘邦却不重用韩信，萧何责备刘邦说：“其他的将领都很容易找到，可韩信却天下无双啊。”刘邦于是拜韩信为大将。汉仇览，又名仇香，曾为蒲亭亭长。蒲亭陈元因不孝被母亲控告。仇香亲自来到陈元家，对陈元晓以大义，感化陈元成了孝子。

徐干《中论》，杨雄《法言》 徐干，“建安七子”之一。他反对当时流行的训诂章句之学，著有《中论》，辞义典雅。汉杨雄仿照《论语》，用语录体著《法言》一书，宣扬儒家传统思想。其书名源于《孝经》：“非先王之法言不敢道。”

力称乌获，勇尚孟贲 乌获，战国时期秦国人，因力大无比，得宠于秦武王做了高官。后来举鼎时折断手臂而死。孟贲，战国时期齐国人，力大无比英勇威武。因秦武王重用力士，他跑到秦国，投奔了武王。

八龙荀氏，五豸唐门 汉荀淑生了八个儿子，每个人都有很好的名声。人们称他的儿子为“八龙”。宋唐询、唐肃、唐垌、唐介、唐淑问先后担任御史一职，人称“一门五豸”。

张瞻炊臼，庄周鼓盆 江淮王生擅长占卜。张瞻梦见在臼中烧饭，就去找王生解梦。王生对他说："你回去看不到你妻子了。臼中烧饭，表明没有釜。釜读去声为妇。"张瞻回到家里，妻子果然已经死了。庄子的妻子死了，庄子盘膝而坐，敲盆唱歌。惠子问他何故，他回答说："人生人死，就像花开花谢一样，不必悲伤。"

长公思过，定国平冤 汉韩延寿，字长公，任高陵县令期间，有一对兄弟因田产问题发生纠纷，韩延寿认为此是教化还未深入人心的原因，于是闭门思过。两兄弟感到十分后悔，不再争吵。东汉于定国，官至廷尉，审理案件能明察秋毫。当时人们称道："张释之为廷尉，天下无冤民；于定国为廷尉，民自以为不冤。"

陈遵投辖，魏勃扫门 汉陈遵每次宴请客人，为了不让客人着急离去，都要先把客人车上的车辖拔下，投入井中。汉魏勃想见丞相曹参，因无钱送门包，便在大清早去打扫丞相家门。守门人问他何

故，他说："希望见到丞相，因此扫门，借以自通。"守门人于是向曹参引见了他。

晦堂无隐，沩山不言 宋黄庭坚因不理解"吾无隐乎尔"意义，便请教黄堂寺长者晦堂老子。时正值八月，晦堂老子问他："你闻到桂花香了吗？"答曰："闻到了。"晦堂老子说："吾无隐乎尔！"黄庭坚叹服。唐香岩禅师参见沩山禅师，沩山说："父母未生时，试道一句看。"香岩茫然不解，请求沩山解释，沩山不言，香岩只好哭着告辞。后来香岩偶然抛瓦砾，撞在竹上，听到声音，忽然省悟。于是沐浴焚香，遥拜沩山，道："和尚大慈，恩逾父母。若为说破，今日何有！"

十四 寒

庄生蝴蝶，吕祖邯郸 庄周做梦变成了蝴蝶，等到醒来，又发觉自己仍是庄周。他搞不清是自己做梦变成了蝴蝶还是蝴蝶做梦变成了庄周。唐开元年间，吕洞宾云游邯郸，在一旅舍里，正巧旅舍主人在蒸黄粱饭。还有个姓卢的书生因做不成官而心情苦闷。吕洞宾便取出一个青瓷枕头，让卢生枕着睡觉。卢生就梦见自己做了大官，享尽了荣华富贵。然而醒来后，却发现主人的黄粱饭还没有蒸熟。后人以"一枕黄粱""黄粱美梦"来嘲笑那些醉心于功名的人。

谢安折屐，贡禹弹冠 东晋时，谢安为丞相。北方前秦大举入侵，谢安派侄子谢玄带兵出征，在淝水边大破前秦。捷报传来时，谢安在人前没有喜形于色。后一人回屋，因为实在太高兴了，过门槛时竟然绊倒了，结果折断了屐齿。汉贡禹与王吉十分要好。王吉做了益州刺史后，贡禹知道自己也快做官了，所以弹冠相庆，果然不久王吉向汉成帝推荐了贡禹。

颤容王导，浚杀曲端 晋王敦作乱，他的堂兄王导也受到了牵连。周顗向晋元帝申辩救了王导,但王导不知内情。后来王敦领军入京,杀了周顗。当王导看到周顗为救他写的奏章,非常愧疚,哭泣说:"我虽然没有杀你,但是你却是因我而死的。"宋曲端为威武将军,勇猛善战,深得军心。但和宣抚使张浚意见不合,张浚就诬陷他谋反,并把他杀了。

休那题碣,叔邵凭棺 明姚康,字休那,他一向清心寡欲,不贪功名。七十岁刚过,就自题墓碣说:"吊有青蝇,几见礼成徐孺子;赋无白凤,免得书称莽大夫。"明方叔邵性格豪放不羁,一日忽然得病,他就穿戴整齐坐在棺材中,靠着棺材板写遗书,写好后躺下就死了。

如龙诸葛,似鬼曹瞒 刘备三顾茅庐请得诸葛亮出山。诸葛亮的长兄诸葛瑾为吴国效力,族弟诸葛诞效力于魏。当时人称蜀国得龙,吴国得虎,魏国得狗。曹操,字孟德,小字阿瞒。从小诡计多端,因叔父常在曹操父亲面前说曹操坏话,曹操便怀恨在心。一次,他故意装疯,让叔父看见告诉父亲。等父亲来时,曹操装成没有任何事的样子。并对父亲说:"我根本没有毛病,叔父却经常诅咒我。"结果父亲不再信任曹操叔父,曹操便肆无忌惮了。

爽欣御李,白愿识韩 汉李膺,为当世名士,从不结交俗人,只以荀淑为师。荀淑的儿子荀爽一次为李膺驾车后,非常高兴。可见李膺是多么为人仰慕。唐韩会,曾为荆州刺史,人称韩荆州,爱结交士人,喜推荐贤能。李白仰慕韩会贤名,作《与韩荆州书》说:"白闻天下谈士相聚而言曰:'生不用封万户侯,但愿一识韩荆州。'何令之景慕一至于此耶!"

黔娄布被,优孟衣冠 黔娄子,春秋时齐国的隐士,品德高尚,坚守正道。他家境贫寒,死时妻子用布被来遮盖他的尸体,但因被子太短,无法同时盖住头和脚。春秋时期,楚国令尹孙叔敖为政清廉,两袖清风,死后他儿子以帮人挑柴养活自己。优孟知道后,就穿戴孙叔敖的衣冠去见楚庄王。对楚庄王说孙叔敖的往事,楚庄王大受感动，于是赏赐给孙叔敖的儿子一块土地。

曾参多益，庞德遗安 曾子得了病对儿子说：“我没有颜回那样的才德，没有什么可教给你们的，然而君子必须务益。开花多而结果少，在于天；说话多而行动少，在于人。”汉末庞德公隐居于岘山，荆州刺史刘表登门拜访，见他正在耕种，便问他：“先生不接受官家的俸禄，拿什么东西留给子孙呢？”庞德公说：“别人留给子孙的是危险，我留给子孙的是安全。”

穆亲杵臼，商化芝兰 汉公孙穆年轻时家境贫寒，在大学读书时，就受雇到吴祐家舂米。言谈之间，吴祐发现他学识渊博，出言不凡，于是两人在杵臼之间结下了交情，世称“杵臼交”。卜商和端木赐都是孔子的学生。孔子对曾子说：“我死后，商将天天进步，赐将天天退步。”曾子问何故，孙子说：“商喜欢和比自己好的人相处，赐喜欢和不如自己的人相处。了解一个人，看他的朋友就行了。所以说，与善人住在一起，就像走进有兰花芝草的房间，呆久了就和兰花芝草同化了。与不善之人住在一起，就像走进卖鲍鱼的市场，呆久了就和鲍鱼同化了。藏在红色颜料里就变成红色，藏在黑漆之中就变成黑色。所以君子一定要谨慎地选择朋友。”

葛洪负笈，高凤持竿 晋葛洪家境贫寒，又几次遭火灾，家中的书籍都被烧光了。他曾经负笈徒步寻访老师，借书抄写。高凤，汉代名儒。有一天他妻子在庭院里晒麦，叫高凤持竹竿防鸡来偷食。后来天下起了暴雨，麦子都漂走了，高凤仍然手持竹竿在背诵经文。

释之结袜，子夏更冠 东汉张释之官至廷尉，与隐居的王生交情很好。一次王生的袜带松了，袜子滑了下去，就对张释之说：“为我结袜！”张释之过去跪着替他结好了袜带。杜钦、杜邺，两人的字均为子夏，颇有文才，因此两人常被叫混了。所以杜钦做了顶小冠戴在头上，这顶小冠高宽才二寸，因此京师人改称杜钦为“小冠杜子夏”，称杜邺为“大冠杜子夏”。

直言唐介，雅量刘宽　宋唐介，宋仁宗时为御史，敢于直言上谏，因上疏弹劾文彦博被仁宗贬为英州别驾。汉刘宽性情仁厚，待人宽宏大量。嘉平年间拜为太尉。在他将要上朝时，一女婢捧肉羹倒湿了他的朝服，刘宽不仅不怒反而问女婢说："羹烫了你的手没有？"曾经有人误认刘宽驾车的牛是自己的，刘宽便把牛交给那人，后来误认者找到了自己的牛，就送还刘宽的牛并向他道歉，刘宽却反过来安慰他。

捋须何点，捉鼻谢安　南朝人何点，气质儒雅，博览群书，他与梁武帝有旧，武帝即位后想拜他为侍中，何点用手捋武帝的胡须说："你想叫我做你的臣子吗？"不久便托辞离去。晋谢安年轻时就很有名气，但迟迟不肯做官。夫人开玩笑说："大丈夫不应当这样啊！"谢安捏住鼻子做了一个牵牛的姿势说："做官之事我只怕也免不了啊！"直到四十多岁，他才接受朝廷的任命。

渊材五恨，郭奕三叹　宋彭渊材曾说平生有五恨：一恨鲥鱼多骨；二恨金橘带酸；三恨莼菜性冷；四恨海棠无香；五恨曾子固（曾巩）不能作诗。晋羊祜管理荆州诸军事，深得人心。后羊祜调回洛阳，野王县令郭奕为之叹息再三。

弘景作相，延祖弃官　南朝陶弘景读书万卷，齐永明年间，辞官归隐茅山华阳洞。梁武帝每有国家大事，就向他咨询，人称他为"山中宰相"。唐元延祖立志不入仕途后，被逼做了官。最终他还是弃官而去，说："人活着吃饭穿衣可以抵挡饥寒就行了，不应该再有所求。"

二疏供帐，四皓衣冠　汉疏广为太子太傅，其侄疏受为太子少傅。在位五年，疏广对疏受说："知足就不会受辱，知止就不会危险，功成身退是自然之道，再不离去恐怕会后悔的。"两人于是上疏请求退养。皇帝批准并赏赐他们黄金百斤，公卿大夫也纷纷供帐为他们饯行。汉高祖打算改立太子。张良建议吕后把"商山四皓"请来。然后，吕后宴请高祖，太子作陪，四人侍从。高祖见四人须眉皆白，气度不凡，得知他们的身份后，惊讶他们为何以前请不来，而现在却来了。四人回答说："陛下看不起士人，我等义不受辱；太子仁慈忠孝，我等愿为之死。"高祖听后打消了废立太子的想法。

曼卿豪饮，廉颇雄餐　宋石延年，字曼卿。有一次朋友刘潜来拜访他，两人豪饮，到半夜时酒喝光了，便将一斗醋也喝光了。战国时，廉颇为赵将，赵悼襄王即位后派乐乘顶替廉颇，廉颇一气之下投奔魏国去了。后来赵国被秦兵围困，悼襄王派人去请廉颇。因使者被贿赂，所以回报说："廉将军虽然年纪大了，还很能吃饭，但吃一顿饭却要上三次厕所。"于是悼襄王打消了请廉颇回国的念头。

长康三绝，元方二难　顾恺之，博学多才，是晋代有名的画家。世传顾恺之有三绝：才绝、画绝、痴绝。汉陈寔的长子陈纪，字元方，次子陈谌，字季方，与陈寔一起号称"三君"。当时人评论元方、季方兄弟说："元方难为兄，季方难为弟。"这就是"难兄难弟"的出处。

买臣怀绶，逢萌挂冠　汉朱买臣家境贫寒，后任会稽太守。赴任时他身穿旧衣，身怀印绶步行来到官邸。小吏们看见他怀中露出来的印绶，才知道是新太守。汉逢萌曾为亭长，感叹说："大丈夫怎能受人约束呢！"于是弃职赴长安求官。当时王莽杀了儿子王宇。逢萌对友人说："三纲已经灭绝了，再不离去，灾祸就要降临了。"于是挂冠离去。

循良伏湛，儒雅倪宽　更始年间，天下豪杰纷纷起兵讨伐王莽。当时伏湛任平原太守，带头捐献俸禄救济饥民，一郡赖以保全。汉倪宽曾为同州刺史，宽厚儒雅，因所征收的租税太少而要被免官。老百姓听说后纷纷前去交租。结果同州交租最多，倪宽的政绩考核为最上等。

欧母画荻，柳母和丸　欧阳修四岁丧父，由于家境贫寒，母亲郑氏用荻杆在地上教他认字。欧阳修后来中进士，名满天下。唐柳公绰妻韩氏，治家严肃，曾将苦参、黄连、熊胆等研成粉末，制成药丸，让儿子深夜学习时含在口中提神。

漂母进食，浣妇分餐 汉韩信年轻时在城下钓鱼，有个漂母因可怜他就分给他饭吃。韩信说：“我如果富贵了，一定会报答你。”漂母大怒道：“大丈夫不能自食其力，我是可怜你才给你饭吃，岂是希望得到你的报答！”春秋时，伍子胥从楚国逃往吴国。到溧阳，向一个在濑水边洗衣服的女子要吃的，她就给伍子胥饭吃。伍子胥说：“希望你不要告诉别人。”离开后，回头见那个女子已投水。

十五　删

令威华表，杜宇西山 丁令威，汉辽东人，在灵虚山学道，后来化成鹤飞回辽东，栖息在城门华表上。有个少年举弓想射它，鹤盘旋空中，用人的语言唱道：“有鸟有鸟丁令威，去家千里今始归。城郭如故人民非，何不学仙冢累累！”相传战国时蜀王杜宇称帝，派鳖灵凿渠治水，后自认为德行不如，便让位给鳖灵，居西山。

范增举玦，羊祜探环 秦末刘邦率军占领秦都咸阳，项羽大怒，摆下鸿门宴，项羽谋臣范增在席间多次举起自己所佩带的玉玦暗示项羽下决心杀掉刘邦，项羽因不忍下手，结果让刘邦逃走。晋羊祜五岁时，一天忽让乳母到邻家李氏园里的桑树中探取金环。李氏知道后说：“这是我死去的儿子丢失的东西。”因此人们认为羊祜的前身就是李氏的儿子。

沈昭狂瘦，冯道痴顽 晋沈昭略有一次喝醉了酒，路遇王约，问道：“你为什么又胖又痴呢？”王约回答说：“你为什么又狂又瘦呢？”契丹灭后晋，后晋宰相冯道去朝见契丹国主耶律德光。耶律德光责备冯道对后晋不忠，冯道不回答。又问他为什么来朝，冯道回答说:“无城无兵,怎敢不来?”耶律德光讽刺他说:“你是何等人?”冯道回答道:“我是无才无德痴顽老子。”耶律德光大喜,任命为太傅。

陈蕃下榻,郅恽拒关 东汉陈蕃任豫章太守时,仰慕徐稚的才德,在府中为其特设一榻,每次徐稚一走,就把它悬挂在墙壁上。唐王勃作《滕王阁序》,其中有“人杰地灵,徐孺下陈蕃之榻”之句。东汉郅恽为上东门侯。汉光武帝有一次打猎夜归,郅恽按规定拒不开城门,光武帝只好从其他门入城。

雪夜擒蔡,灯夕平蛮 唐蔡州吴元济叛乱,李愬奉命征讨,在一个大雪纷飞的冬夜攻下蔡州,生擒吴元济,平定了叛乱。北宋狄青曾任广西宣抚使。元宵灯节时,他令副将在军中聚饮庆祝,自己则带领精兵守关。蛮人想乘宋军过节时偷袭,被狄青打得大败。

郭家金穴,邓氏铜山 东汉光武帝皇后郭氏的弟弟郭二况,常受光武帝赏赐,以致家财亿万,当时号称“金穴”。西汉邓通为汉文帝所宠信,有个看相的对邓通说:“你的命相注定要穷饿而死。”文帝得知后把蜀郡严道县的铜山赐给了邓通,并准许他自行铸钱。因此邓通家道巨富。后汉景帝即位,免去邓通的官职并没收了家产,邓通果然穷饿而死。

比干受策,杨宝掌环 西汉何比干,汉武帝时任廷尉。他办案仁义宽恕,平反了许多冤狱,救人数千。一天有个老妇人送给他许多策书说:“你平反了很多冤狱,今天送策书给你,使你的子孙后代兴旺发达。”汉杨宝生性仁慈。传说他九岁时曾救过一只受伤的麻雀。麻雀伤愈后,有一天忽然变成了黄衣童子,送给杨宝四枚白玉环,说:“好好收藏这些白玉环,它会使你子孙品行高洁,累世为三公。”

晏婴能俭,苏轼为悭 春秋时晏婴为齐国相国,生活节俭,吃饭时桌上从没有肉,妻妾不穿帛衣,祭祀祖先时肉总是装不满祭器,一件狐裘穿了三十年。别人认为他过于节俭,他却认为没有什么不好。北宋苏轼写信给李公择说:“我现在五十岁了,才知道过日子的要旨

是悭吝,说得好听一点,就叫作俭素。”

堂开洛水,社结香山 宋文彦博在洛阳时,召集洛阳士大夫中德高望重的老人,结成耆英会,并建造了一所耆英院,把他们的画像挂在堂上,其成员有十三人。唐白居易晚年隐居洛阳香山,与胡杲等年高不仕者共结香山诗社,每天赋诗设宴。

腊花齐放,春桂同攀 武则天时,有一年腊月,朝中官员假称园林开了很多花,请武后去看,想借机发动政变。武则天怀疑有阴谋,就派使者到园林宣诏让百花齐放。第二天,园林中果然开满鲜花,群臣都很惊异,认为这是天命,于是就停止了政变。明朝蒋南金、王大用在正月初一一起游庙,闻到桂花香,两人各折一枝。后来两人同时中了正德年间戊辰科的进士。

卷　三

一　先

飞凫叶令，驾鹤缑仙　王乔曾任河南叶县县令，有神术。他经常从叶县到京师去，但从未见他乘坐车马。每次到达京师后，总会有两只凫（野鸭）飞来。后有人用网捉住凫一看，原来是王乔穿的鞋子。相传太子晋被道士浮邱公接上了嵩山。三十多年后晋对桓良说："你去告诉我家里人，七月七日在缑氏山顶等我。"到了那天，果然看见晋乘白鹤停驻在山顶，但却不能接近。

刘晨采药，茂叔观莲　东汉刘晨，永平年间他与阮肇入天台山采药，迷了路，遇到两个美女留他们住宿，并分别和他们结为夫妻。半年后回到家发现子孙竟然已传了十世，想回到美女家，却再也找不到路了。宋周敦颐，字茂叔，喜爱莲花，曾作《爱莲说》，其中有"莲，花之君子也""香远益清，亭亭净植，可远观而不可亵玩焉"等佳句，寓意深远。

阳公麾日，武乙射天　春秋时楚国鲁阳公率军和韩国军队打仗，战至太阳快落山时，鲁阳公持戈一挥，太阳就退回了三座星宿的位置。殷商王武乙无道，曾制作木偶，称之为天神。他用人操纵木偶，与自己搏斗，天神败了，就把它杀掉。又把盛血的皮囊挂在高处，用弓箭仰射,称为射天。他后被雷劈死。

唐宗三鉴,刘宠一钱 魏徵死后,唐太宗悲痛地对侍臣说:“以铜为鉴(镜子),可以正衣冠;以古为鉴,可知朝代兴废;以人为鉴,可明人事得失。朕曾得此三鉴,现在魏徵逝世,我失去了一鉴。”东汉刘宠为会稽太守,廉洁奉公,受百姓爱戴。调任时山阴有五位老人每人送他一百钱,刘宠各选了一枚大钱。出了山阴地界,他将这五枚钱投入江中。人称刘宠为“一钱太守”。

叔武守国,李牧备边 春秋时,晋公子重耳逃亡在外,曹、卫两国国君对他很无礼。重耳即位后,就派兵攻打曹国和卫国。卫人将国君成公献给晋国。卫大夫元咺拥立成公的弟弟叔武以保卫国家。后来成公复位,射杀了叔武。李牧,战国时赵国大将,负责守卫赵国北方边境。他守卫边境的方法,赵王很不满意,就替换了李牧。后匈奴来犯,赵军屡战屡败,赵王只好重新起用李牧,后来大破匈奴。

少翁致鬼,栾大求仙 汉李夫人死后,武帝思念不已。方士少翁说自己能招来李夫人的灵魂。他在夜里点亮灯烛,摆设帷帐,陈列酒肉,并叫武帝住在帷帐内。武帝果真远远地看见李夫人绕帷帐漫步。汉武帝封方士栾大为五利将军。栾大对武帝说:“臣曾往来于海上,见安期、羡门等人对我说:‘黄金可成,黄河决了可以堵塞,不死之药可得,仙人可以招来。’”武帝当真派他入海寻访仙人。后来栾大因诬罔罪被腰斩。

汉家三杰,晋室七贤 汉高祖统一天下后,对群臣说:“运筹帷幄,决胜千里,我不如子房;镇抚百姓,馈饷不绝,我不如萧何;连师百万,战胜攻取,我不如韩信。此三人都乃人中之杰,我能用他们,所以得了天下。项羽有个范增而不能用,所以被我打败。”群臣听了都心悦诚服。三国魏末司马氏当权,有陈留阮籍、谯国嵇康、河内山涛、河南向秀、阮籍的侄子阮咸、琅琊王戎、沛刘伶相与友善,同住山阳,经常摆宴集会于竹林之下,号为“竹林七贤”。

黄琬对日，秦宓论天　东汉黄琬是黄琼的孙子。黄琼任魏郡太守时发生日食，太后诏问黄琼日食，黄琼无辞以对。黄琬当时七岁，说："为何不说日食后的太阳，就像初生的月亮一样呢？"黄琼十分惊异，就用黄琬的话回答了太后。三国时吴国使者张温访问蜀国，蜀国秦宓负责接待并设宴。席间张温忽然问："天有头吗？"秦宓回答说："有。《诗经》上说'乃眷西顾'。"又问："天有耳吗？"答道："有，天高听卑。《诗经》上说'鹤鸣于九皋，声闻于天'。"又问："天有足吗？"答曰："有。《诗经》上说'天步艰难'。"又问："天有姓吗？"答道："有，姓刘。"张温问："你怎么知道呢？"秦宓回答说："天子姓刘，所以天也一定姓刘。"张温大感惊异。

居易识字，童乌预玄　传说唐白居易出生七个月就能认字。汉杨雄二子杨信，小字童乌。杨雄在《法言》中说："吾家童乌，九岁能预吾《玄》。"

元龙湖海，司马山川　东汉陈登，字元龙，许汜与刘备谈论人物时，说："陈元龙是湖海之士，豪气未除。"刘备问为何，许汜说："元龙没有主客之礼，以前我在他家时他自己躺在床上，而让客人睡在地上。"刘备说："你有国士之名，却不留心救世，只知求田问舍，这是元龙所忌讳的。要是换成我，那么就自己高卧百尺楼上，而让你睡在地上。"汉司马迁曾经南游江、淮，泛舟沅、湘，北涉汶、泗，又奉命出使巴蜀以南的邛、筰、昆明等地，足迹遍及南北，号称"读万卷书，行万里路"。

操诛吕布，膑杀庞涓　汉末吕布占据下邳，曹操攻吕布不下，便用泗、沂之水灌城。一个多月后，吕布的部将开城门投降，曹操于是擒杀了吕布。孙膑，战国时齐国人，曾与庞涓一起学习兵法。庞涓因嫉恨孙膑才能，将他骗到魏国，处以膑刑，后来齐威王拜孙膑为军师。孙膑为齐谋划攻魏，庞涓智穷，兵败自杀。

羽救巨鹿，准策澶渊　秦兵围巨鹿城，项羽引兵渡河救援，破釜沉舟，誓与秦兵决一死战。交战多次，大获全胜。各路诸侯大为惊恐，于是推项羽为上将军。宋真宗时，辽军侵入北宋境内，真宗采纳了宰相寇準御驾亲征的建议，亲自前往前线澶渊。北宋将士大为振奋，大败辽军。辽国议和，双方结下“澶渊之盟”。

应融丸药，阎敞还钱 汉应融曾为汲县县令。当时祝恬应召入京，路上染上了瘟疫，到了汲县，应融听说后马上前往旅舍探望，并亲自为他调配丸药，精心治疗。汉阎敞在某郡中做属官时，太守第五尝曾经把俸钱一百三十万寄存在他那里，后来第五尝全家病死，只剩下一个孤孙，听祖父说过有三十万寄存在阎敞处，就去要钱。阎敞立即全部还给他。第五尝的孙子说：“我祖父说的只是三十万，没有说是一百三十万。”阎敞说：“这是你祖父病中说错了，请你不要怀疑。”

范居让水，吴饮贪泉 南朝时，梁州人范柏年进见宋明帝，说起广州有个贪泉。宋明帝问他：“你所在的梁州有没有这种泉水？”范柏年回答说：“梁州只有文川武乡、廉泉让水。”宋明帝又问：“那么你家住在哪里？”范柏年回答说：“臣居住在廉泉、让水之间。”宋明帝觉得他说得很好，就封他为梁州刺史。晋吴隐之做广州刺史时，广州附近有一贪泉，据说喝了贪泉水就会心怀无穷贪欲。吴隐之不信，亲往贪泉，舀一勺水喝了，并赋诗说：“古人云此水，一歃怀千金。试使夷齐(指伯夷、叔齐)饮，终当不易心。”他在广州任内始终廉洁奉公。

薛逢羸马，刘胜寒蝉 唐薛逢，曾考中进士，晚年很不得意。一次骑着羸马赴朝会，正碰上新进士出来游街，团司让他回避，薛逢说：“不要吵吵嚷嚷的！我老头子年轻时，也曾是读书人。”东汉杜密曾任北海相，罢官回家后，每次拜见本郡太守，总要陈述自己的意见。而同郡的刘胜对本郡事务从不干预。太守王昱对杜密说：“刘季陵真是高士。”杜密知道太守在讽刺自己，就说：“刘胜虽然位列大夫，但知道善人却不举荐，听到坏事却不站出来说话，隐情惜己，就同寒蝉一样，是罪人啊。”

捉刀曹操，拂矢贾坚　东汉崔琰，长相威武，有一次曹操接见匈奴使者，认为自己相貌丑陋，不够威严，便叫崔琰代为接见，自己则捉刀侍立床头。接见完毕后，曹操命探子向匈奴使者打听：“魏王如何？”匈奴使者说：“魏王仪容美好，不同寻常，然而站在床头的捉刀人才是真正的英雄啊！”曹操听后，马上命人杀了匈奴使者。十六国时贾坚在前燕做官，擅长射箭，燕烈祖想亲眼一见，就叫贾坚射百步之外的一头牛。贾坚第一箭拂过牛的背脊，第二箭擦过牛的肚皮，两箭都紧贴牛皮，射落牛毛。

晦肯负国，质愿亲贤　宋徐晦与杨凭是朋友。权臣吕夷简弹劾杨凭，杨凭被贬，徐晦送行并说：“我本一介平民，承蒙杨公知遇提携，今日杨公被贬远方，怎能不为他送别呢？”后吕夷简上书推荐徐晦为御史，他对徐晦说：“你不肯辜负杨凭，又怎么肯辜负国家呢？”宋范仲淹被贬，无人敢为他送行，只有王质带病为范仲淹饯行。大臣们责怪王质说：“你为何要自陷范仲淹的朋党之中呢？”王质说：“范公乃天下闻名的贤人，王质岂敢奢望！如果能成为范公的朋党中人，那是范公对王质的厚赐！”

罗友逢鬼，潘谷称仙　罗友，晋朝人。一次桓温邀集幕僚为一新任郡守饯行，罗友迟到了。桓温问他何故，罗友回答说：“路遇一鬼取笑我‘只见你送人去做郡守，不见人送你去做郡守’。”桓温于是推荐罗友为襄阳太守。宋潘谷精于造墨。后连续饮酒三日，发狂跳入枯井而死。有人下井去看，只见潘谷盘腿而坐，肌肤柔软，手持念珠。当时疑他已经成仙了。

茂弘练服，子敬青毡　晋王导，字茂弘，是复兴晋室的第一功臣。晋室南渡时，国库空虚，只剩下几千匹练也卖不出去，国家费用不能自给。王导便和朝中大臣一起做练布单衣穿，士人们争相效仿，练布价格贵了起来，国库中的练布因此全卖掉了。晋王献之，字子敬。有一天晚上睡觉时，一个小偷进来，偷了房内的很多东西，王献之不慌不忙地对小偷说："偷儿！青毡是我家祖传的旧物，请别拿走。"

王奇雁字，韩浦鸾笺　宋王奇，曾为县衙小吏。县令曾题雁字诗于屏风之上道："只只衔芦背晓霜，昼随鸳鹭入寒塘。"王奇续诗说："晚来渔棹惊飞去，书破遥天字一行。"县令很惊讶他的文才。五代韩浦、韩洎兄弟俩颇有学问，但是韩洎看不起韩浦，对人说："我兄为文，就像用绳做门枢，用草盖房子，只能遮蔽风雨而已。而我为文，就像造五凤楼的高手一样。"韩浦听说后，就寄一首诗给韩洎说："十样鸾笺出益州，新来寄至浣溪头。老兄得此全无用，助汝添修五凤楼。"

安之画地，德裕筹边　唐玄宗大宴于五凤楼，因观者如云，秩序大乱。高力士奏请玄宗召严安之来维持秩序。严安之被召来后，用手画地说："犯此者死！"于是无人敢逾越。唐李德裕罢相，离京为西川节度使。他建造了一座筹边楼将边疆地形画下，每天观看，以熟悉边疆地形。

平原十日，苏章二天　战国时秦昭王听说魏齐在赵国平原君处后，想杀魏齐，就写信给平原君："寡人听说你义薄云天，想和你成为布衣之交，你如果来访，寡人将和你痛饮十日。"平原君惧怕秦国，只好入秦国应命。秦昭王和他饮酒数日后就向他索要魏齐。汉苏章任冀州刺史时，有个老友任下属清河郡的太守，作奸犯科，被苏章查获。太守设宴款待苏章，叙朋友之情以求宽恕，苏章说："今天我苏章和老朋友饮酒，这是我们之间个人的交情；明天冀州刺史办理案件，那是公法，我苏章不敢违反。"后来他定了清河太守的罪，一州为之肃然。

徐勉风月，弃疾云烟　南朝徐勉在梁任吏部尚书。有一次夜晚有个友人向他求官，徐勉正色对他说："今天晚上只可谈风月，不宜谈及公事。"宋辛弃疾，气概豪迈，有雄才大略，力主抗金，却遭排斥，很不得志。晚年作《西江月》道："万事云烟已过，一身蒲柳先衰。而今何事最相宜？宜醉宜游宜睡。早起催科了办，更量出入收支。乃翁依旧管些儿，管竹管山管水。"

舜钦斗酒，法主蒲鞯 宋苏舜钦性情豪放，喜好饮酒。他曾在岳父杜祁公家读书。读《汉书》到"（张）良与客狙击始皇"一句，拍案道："只可惜击之不中！"于是喝了一大盅酒。等读到"臣始起下邳，与上会于留，此天以臣授陛下"时，又拍案叹道："君臣相遇，竟是如此不易！"于是又喝了一大盅酒。杜祁公笑道："有这么好的下酒物，一斗酒也不多。"李密，字法主，隋末唐初人，文武全才，志气高远。年轻时常骑一黄牛，牛背上垫着用蒲草织的鞯，牛角上挂一卷《汉书》，一边走一边翻阅。

绕朝赠策，苻坚投鞭 绕朝，春秋时秦国大夫。晋人士会逃奔秦国，秦国中晋国的离间计，于是让士会到魏国去。绕朝上书劝谏，未被采纳。士会临行前，绕朝送给他一卷简策，说："不要认为秦国无人，是我的意见未被采纳啊！"前秦国主苻坚平定了北方九州，又打算讨伐晋朝。苻融等人极力谏止，苻坚不听，说："我拥有百万雄师，投马鞭于长江之中，也足以截断水流，晋朝还有什么天险能够凭靠的呢？"于是进军淝水，结果大败。

豫让吞炭，苏武餐毡 战国时，赵襄子杀智伯，智伯的爱臣豫让刺杀赵襄子，被抓获。赵襄子为豫让的义气所感，释放了他。但豫让报仇之心未死，他用漆遍涂全身，并吞下木炭使自己喉咙变哑，混迹于市井之间，乞讨为生。有一天，他再次刺杀赵襄子，又被抓获。赵襄子责备他说："你曾经侍奉范氏和中行氏，智伯灭了他们，你为什么不为他们报仇？"豫让回答说："范氏和中行氏像对待平常人一样对待我，那么我也像平常人一样回报他们；智伯以国士的待遇对待我，所以我就要像国士一样回报他们。"于是求得赵襄子的衣服，拔剑刺了三下，然后挥剑自杀了。汉苏武出使到匈奴，被匈奴扣留。因苏武不

向匈奴屈服，被安置在阴山大窖中，断绝饮食，苏武吞雪餐毡，活了下来。苏武被扣留在漠北十九年才得以放回，汉朝拜他为典属国。

金台招士，玉署贮贤 战国时燕昭王想招纳贤士来治理国家，郭隗对他说："以前有人寻访千里马，携千金前去买马，不料千里马已死，他就用五百金买来了千里马的骨头。不到一年，就有人送了三匹千里马来。大王招纳贤士，就请从我郭隗开始吧。这样比我郭隗贤能的人，就会来投奔大王了！"燕昭王于是造黄金台拜郭隗做官，以师礼待之。乐毅、邹衍、剧辛等贤能之士闻风而来，燕国得以强大。宋苏易简才思敏捷，中进士第一名，后来官至翰林学士承旨，宋太宗曾书"玉堂之署"四字赏赐给他，说："这个用来为你所居的清华之地增美。"

宋臣宗泽，汉使张骞 北宋宗泽，文武双全。率军抵抗金兵，连打十三场胜仗。后多次上书，极力请求宋高宗赵构还都开封，收复失土，但都未被采纳，因而忧愤成疾，临终时三呼"过河"。汉武帝时，张骞出使西域，在西域居住十多年，后被封为博望侯。

胡姬人种，名妓书仙 晋阮咸爱恋姑母家的鲜卑族女婢。在他为母亲守孝期间，他姑母将要迁往远方并带走了女婢，阮咸穿着孝服骑驴追赶，终于得到了那个女婢，并说："人种不可失。"那个女婢就是他儿子阮孚的生身母亲。唐长安城内有个名妓叫曹文姬，擅长书法，当时号称"书仙"。

二　萧

滕王蛱蝶，摩诘芭蕉 唐高祖的儿子李元婴受封为滕王，擅长画蛱蝶。刘鲁封曾经见过他画的蛱蝶，品种繁多。唐王维，字摩诘，擅长绘画。但他作画不问四时，他画的《袁安卧雪图》里有雪里芭蕉，是他得心应手、意到笔随的表现。

却衣师道，投笔班超 宋陈师道与赵挺之同是郭大夫的女婿。陈师道家境贫寒，有一年冬天因要外出，他的妻子到赵挺之家里为他借来了一件皮衣。陈师道说："我是不会穿他家的衣服的。"却（拒绝）衣不穿。东汉班超，是班固的弟弟。他曾经为官府抄书以养家糊口，后投笔从戎，因平定西域有功，被封为定远侯。

冯官五代，季相三朝 五代冯道，后唐、后晋时历任宰相。后主动投靠契丹，官拜太傅。冯道在后汉、后周时又任过中书令、太师等官。他历事五朝，对丧君亡国毫不在意，后世人很看不起他的为人。季文子，春秋时鲁国的大夫，历相宣公、成公、襄公三位鲁国国君，为官清廉，世人称道。

陵甘降虏，蠋耻臣昭 李广的孙子李陵曾任骑都尉，率领五千精兵于浚稽山，击败了匈奴。原是李陵部下的降将管敢对单于说："李陵的军队没有后援，弓箭也快用光了。"单于于是带兵挡住了李陵的去路，箭如雨下，李陵力尽投降。汉武帝后将他满门抄斩。王蠋，战国时齐国人。因不被齐湣王重用就回家种地去了。后来，燕昭王攻入齐国，听说王蠋是个贤人，就请求王蠋出山，王蠋推辞不去，燕人以屠城威逼，王蠋耻事燕昭王，最后自杀身亡。

隆贫晒腹，潜懒折腰 晋郝隆家境贫寒但十分好学。七月初七那天，富裕的人家都把衣服拿出来晒，而郝隆仰卧在太阳底下，称在晒腹内之书。晋陶潜为彭泽县令时，郡守派一督邮前来巡察各县。陶潜不愿意向督邮献媚，当天就辞官了，并说："我怎能为五斗米向乡间小儿折腰呢！"

韦绶蜀锦，元载鲛绡 韦绶，唐德宗时为翰林学士。唐德宗曾经带着韦妃来到他的书院，韦绶正在熟睡，因天气寒冷，德宗把韦妃的蜀锦袍盖在韦绶身上离去。唐元载家有紫绡帐，轻疏透明，冬挡寒风，夏生凉意。据说这顶紫绡帐是用鲛绡做成的。

捧檄毛义，绝裾温峤 毛义，家境贫寒，以孝行名噪一时。南阳人张奉慕名前往拜见，正巧郡中檄文送到，任命毛义为安阳令。毛义手捧檄文喜形于色。张奉见他如此，心中不以为然，后毛义的母亲去世，毛义辞官回家。后来多次拒绝朝廷征召。张奉感叹说："贤人的心思不是常人所能推测的！早先他接到檄文时喜形于色，原来是为了奉养母亲而委屈自己啊！"晋温峤在刘琨属下任右司马时，奉命前往京师建康。母亲崔氏拉住他的衣裾极力阻止他，温峤绝裾而去，被皇帝留在京师。后来崔氏去世了，温峤由于战乱阻隔而无法奔丧，终身引以为恨。

郑虔贮柿，怀素种蕉 唐玄宗时任郑虔为博士，郑虔年轻时喜欢书法，因无钱买纸，就把柿叶贮存起来用来写字。唐僧人怀素擅长草书，家境贫寒，无钱买纸，便种植芭蕉，以芭蕉叶代纸，练习草书。他称种芭蕉为种纸。

延祖鹤立，茂弘龙超 晋嵇绍，字延祖，是嵇康之子。曾经有人对王戎说："昨日在众人中见到了嵇绍，他气宇轩昂，如同鹤立鸡群一般。"晋王导，字茂弘，小字阿龙，姿容英伟。廷尉桓彝一次路遇王导叹道："人人都说阿龙容貌超群，依我看，阿龙本身的气质就与众不同。"

悬鱼羊续，留犊时苗 汉羊续官至庐江太守，为官清正廉洁。有人送了一条活鱼给他，羊续将鱼悬挂起来。后来那人再送鱼时，羊续就拿出以前送的鱼给他看，谢绝了他的馈赠。时苗，东汉末年人，建安年间任寿春县令期间，用来驾车的牛生下了一只小牛犊。离任时，他对主簿说："我来寿春做官时本来没有这头小牛，所以这头小牛就留在府中用吧！"然后留下了小牛，驾老牛而去。

贵妃捧砚，弄玉吹箫 唐玄宗坐在沉香亭中，见牡丹盛开，心有所感，急召李白作诗。当时李白喝得酩酊大醉。唐玄宗叫贵妃杨玉环捧砚，李白提笔立刻写成了《清平调》三章。春秋时，秦国人萧史擅长吹箫。秦穆公将女儿弄玉嫁给了他，让他教弄玉吹箫。据说后来弄玉乘凤，萧史乘龙，一起升天了。

三 肴

清时安石，奇计居鄛 晋谢安，字安石，四十岁时为司马。简文帝死后，因谢安反对桓温篡夺政权的阴谋没有成功。谢安后来官至尚书仆射，加后将军，一心辅佐晋室，前秦攻打晋朝时，谢安派遣侄子谢玄领兵大破前秦军于淝水。范增，居鄛人，足智多谋。项梁起兵反抗秦朝暴政，范增劝说项梁扶立楚国王室后裔以顺从民心。项梁战死后，范增为项羽效力，后刘邦派人离间项羽与范增，项羽就对范增产生了怀疑，范增于是告老还乡，回乡途中病死。项羽不久就被刘邦打败。

湖循莺脰，泉访虎跑 江浙一带多湖泊。莺脰湖在江苏吴江西南方向，因形状像莺脰而得名。杭州虎跑山虎跑寺有泉水从山中岩石间流出，名叫虎跑泉。据说唐元和年间，性空大师驻禅寺中，因没有水源，打算迁往别处。晚上做梦见有神人派老虎移来水源。第二天寺中果然来了两只老虎，用爪跑(刨)出山泉，泉水甘甜清冽，不同寻常。

近游束晳，诡术尸佼 晋束晳是汉太傅疏广的后代，因躲避战乱改“疏”为“束”离开家乡，后来官居著作郎，不慕功利，曾作《近游赋》。尸子，名佼，战国时晋国人，曾做过商鞅的宾客。著有《尸子》二十篇，多用诡术。唐韩愈《送孟东野序》中说：“孟轲、荀卿，以道鸣者也。邹衍、尸佼、孙武、张仪、苏秦之属，皆以其术鸣。”

翱狂晞发，嵇懒转胞 南宋谢翱，曾为文天祥咨事参军，文天祥被杀害后。谢翱对此悲痛不已，设文天祥神位祭祀，并作歌招文天祥之魂。三国魏时司马氏执掌大权，山涛推荐嵇康来代替自己，嵇康写信拒绝说："我喜欢游览山川草泽，亲近游鱼飞鸟。但是一旦做了官吏，那么这些事就都没法做了。我怎么能放弃我的爱好而去做我所害怕做的事情呢？"还说："我这个人很懒。每次想要小便的时候，总是忍住不起身，要让小便在脬中稍微转一转才起身排泄。"

民皆字郑，羌愿姓包 三国魏郑浑做官时，关心民生，督促老百姓种田植桑，老百姓因此丰衣足食。郑浑深得百姓爱戴，他们所生育的子女多以"郑"为字。宋包拯，为官清廉，刚毅正直。西羌俞龙珂归顺宋朝时说："我一直听说包拯是朝廷忠臣，现在我既然归附了大国，就请赐我姓包。"

骑鹏沈晦，射鸭孟郊 沈晦梦见自己骑着大鹏鸟，乘风而上，于是作《大鹏赋》以记叙此事。不久他就中了状元。《建康志》记载："射鸭堂在平陵城，元和初，县尉孟郊建。"孟郊有诗说："不知竹枝弓，射鸭无是非。"因而命名为射鸭堂。

戴颙鼓吹，贾岛推敲 晋人戴颙，在一个春日里携带一斗酒外出。有人问他去何处，他回答说："去听黄鹂的鸣声，那是医治世俗耳朵的针砭，是引发作诗灵感的鼓吹，你可知道？"唐贾岛初为僧人，喜欢苦吟作诗。有一次骑驴赋诗，吟得了"鸟宿池边树，僧敲月下门"句，对用"推""敲"两字，犹豫不定，正巧遇见韩愈。韩愈知道原因后停下来思考了很久，才对贾岛说："还是'敲'字为好。"于是两人并驾谈论起诗歌。

四 豪

禹承虞舜，说相殷高 上古时，鲧治水不得法，被舜处死。鲧的儿子禹又治水。禹采用疏导法治水，经过十三年，水患最终被平息了。舜于是把帝位禅让给禹。相传说本在傅岩这个地方做工，殷高宗武丁听说他很贤能，就提拔他做了宰相。辅佐武丁中兴了殷王室。

韩侯敝裤，张禄绨袍 战国时韩昭侯，命手下人好好收藏一条敝裤。手下人问他："为何不赐给臣下？"韩昭侯说："我听说英明的国君对自己一言一行都十分谨慎，更何况是赏赐旧裤子呢！所以我要把它赏赐给一个有功劳的人。"战国时，范雎和须贾受魏王之命出使齐国。须贾怀疑范雎里通齐国，回国后告知了丞相魏齐。魏齐就派人把范雎抓了起来，施以笞刑，范雎被打断了肋骨。他假装死了，被丢弃在厕所之中，得以逃奔秦国。到了秦国后，他改名为张禄，成了秦昭王的宰相。后来须贾出使到秦国，范雎穿着破衣服去见他。须贾一见之下大惊道："范叔怎么还活在世上？为什么如此贫穷呢？"于是便脱下自己的绨袍送给了范雎。须贾后来得知张禄就是范雎，于是去范雎家负荆请罪。范雎看在他送绨袍的情面上，就放过了他。

相如题柱，韩愈焚膏 司马相如，西汉成都人。他东游京师长安前，在成都城北的升仙桥的桥柱上题词说："不乘高车驷马，誓不过此桥也。"后来他果然以中郎将身份衣锦荣归。唐韩愈七岁开始读书，十分勤奋，每晚焚膏油挑灯夜读，后来成为一代散文大家。

捐生纪信，争死孔褒 纪信是刘邦的部将。楚汉相争时，刘邦被困在荥阳，纪信假扮刘邦，出城投降，刘邦乘机逃脱。项羽发觉后大怒，下令烧死了纪信。东汉孔褒是孔子的二十世孙。当时朝臣张俭，被诬陷逃到孔褒家，正好孔褒外出，孔褒的弟弟孔融把张俭藏在了家中。后走漏消息，张俭逃脱，官吏逮捕了孔褒两兄弟。孔褒说："张俭是来投奔我的，我甘愿抵罪。"兄弟争死，后孔褒被杀。

马援矍铄，巢父清高 马援，汉光武帝时为伏波将军。他曾说："大丈夫立志，穷当益坚，老当益壮。"又说："男儿应当战死疆场，马革裹尸而还。"他六十二岁时，仍精神矍铄，上书请求带兵南征。后死于军中。巢父是尧时的隐士，年高德劭。他巢居树上，固称巢父。尧曾经想把帝位禅让给他，但遭拒绝。

伯伦鸡肋，超宗凤毛 晋刘伶，字伯伦，是“竹林七贤”之一。他喜欢饮酒，性情洒脱，身材干枯瘦弱。一次和一个粗汉发生口角，粗汉想揍他一顿，他却不慌不忙地说：“我这鸡肋抵挡不住您的老拳。”粗汉于是作罢。南朝齐人谢凤，字超宗，是谢灵运的孙子，曾作《殷淑仪诔》。齐孝武帝看后大为赞赏，叹道：“谢超宗极有凤毛，就像谢灵运复生一般。”

服虔赁作，车胤重劳 汉大儒服虔打算注解《春秋》，听说崔烈正在给学生讲授《春秋》，于是混入崔烈家偷听崔烈讲课，知道崔烈的学问不如自己，与崔烈的学生们议论崔烈的长短。崔烈知道他是服虔，就与他交上了朋友。晋车胤拜谢公两兄弟为师，好学勤问。他曾对袁羊说：“如果我不提问，学问将会有所缺失；如果我经常提问，就会增加谢公两兄弟的劳累。”袁羊说：“谢公两兄弟一定不会有这种嫌怨的。”车胤问：“你如何知道？”袁羊答道：“你可曾见到过明镜因为经常被照而疲劳，清清的流水害怕和惠的清风吗？”

张仪折竹，任末燃蒿 张仪曾追随鬼谷子学习，是战国时代纵横家的代表人物之一。他年轻

时受雇为人抄书，每次看到自己没有见过的好句子，就把它写在手掌和大腿上，回家后再折竹抄写，时间久了就集成了一部书。宋代任末勤奋好学。他在竹木间盖起草屋，用木柴作笔，晚上就用蒿草烧火，借着火光读书。

贺循冰玉，公瑾醇醪 晋贺循是当世儒学宗师，曾制定宗庙制度。晋元帝曾经说："贺循此人真是冰清玉洁，位居上卿但他的居室却只能遮蔽风雨而已。"汉末周瑜，字公瑾，他任孙吴都督时从不计较副都督程普的侮辱。后来程普感叹道："与公瑾交往，就如同饮醇醪（美酒）一样，不知不觉中就醉倒了。"

季札挂剑，吕虔赠刀 春秋时吴国人季札出使鲁国，路过徐地，知道徐君很喜欢自己的宝剑，但因为要出使上国，不便赠送。后来出使归来，到达徐地时，徐君已经去世，季札就将宝剑挂在徐君墓地的树上。随从问他："现在还送给谁呢？"他说："开始我心里就答应把这把剑送给他，怎么能因为他的死而违背我的心愿呢？"当时人编歌谣唱道："诞陵（季札的封地）季子不忘故，脱千金之剑兮挂丘墓！"晋吕虔有柄佩刀，相士认为位登三公者才可佩带此刀。吕虔就将刀赠送给了王祥。后来王祥临死前，又把这柄佩刀传给他的弟弟王览。王览的后代出了很多贤才。

来护卓荦，梁竦矜高 隋来护儿年轻时卓荦脱俗。有一次读《诗经》到"击鼓其镗，踊跃用兵""羔裘豹饰，孔武有力"时，拍案叹道："大丈夫应当为国灭贼，求取功名，怎能和笔墨打一辈子交道呢！"后官至大都督，因功封名荣国公。汉梁竦登高望远，感叹说："大丈夫活在世上，生当封侯，死当享受庙祭。如果做不到，那么闲居可以养志，读书足以自娱。而州郡太守的职务，只不过是劳累人罢了。"多次拒绝朝廷的征召，著有《七序》。

壮心处仲，操行陈陶 晋王敦，字处仲，为荆州刺史时，常酒醉后用铁如意击壶，唱曹操《龟虽寿》的歌辞："老骥伏枥，志在千里；烈士暮年，壮心不已。”唐陈陶操行高洁。郡守严撰曾派一名小妾去试他，陈陶严守男女之礼，整个晚上都没有碰她，严撰因此更加看重他。

子荆爽迈，孝伯清操　晋孙楚，字子荆，文辞卓绝，才华出众，性情豪爽，年轻时曾想隐居，对王济说自己想枕石漱流，却误说“我欲漱石枕流”。王济问他：“流水可以作枕，石头可以漱口吗？”孙楚回答说：“之所以枕流，是想洗洗耳朵；之所以漱石，是想磨砺磨砺牙齿。”孙楚后来任石苞参军，自负才气，对石苞长揖不拜，说：“天子命我参卿军事。”晋王恭，字孝伯，操守清洁，颇有才华。他常说：“名士不一定要有奇才，只要平时没事，能痛痛快快地喝酒，熟读屈原的《离骚》，就可称为名士了。”

李订六逸，石与三豪　唐李白曾客居任城，与孔巢父、陶沔、韩准、裴政、张叔明一起隐居于徂徕山，纵酒作诗，号称“竹溪六逸”。宋石延年以气节自负，长于作诗。石介曾作《三豪》诗，说欧阳修豪于文，石延年豪于诗，杜牧豪于歌。

郑弘还箭，元性成刀　汉郑弘一次在白鹤山拾到一支箭并归还于人。那人问郑弘有何心愿，郑弘说：“希望白天能够刮南风，夜间刮北风。”后来果然如愿。三国时，蒲元性在斜谷口为诸葛亮铸刀三千口。他说汉江之水钝弱不能淬火，蜀江之水则爽烈可用，使用纯净的蜀江水淬刀，铸成的刀锋利无比。

刘殷七业，何点三高　晋刘殷共有七子，他向五个儿子各传授了“五经”中的一种，剩下的两个儿子，一个传授了《史记》，一个传授了《汉书》。一门之内，七门学问并兴。南朝何点，号游侠处士，多次拒受朝廷征召，和他的兄长何求、弟弟何胤都隐居不仕，世称“何氏三高”。

五 歌

汉王封齿，齐王烹阿　汉高祖刘邦平定天下后，大封同姓引起众将不满。后听从张官劝说封平生最讨厌的雍齿为什方侯，众将是以平愤。战国时，齐威王常听有人说即墨大夫的坏话，说阿大夫的好话，于是派人去两地观察。使者到后，发现即墨治理得很好，而阿却治理得一塌糊涂。齐威王听了回报，赐封即墨大夫食万户，而烹死了阿大夫和说阿大夫好话的人。齐国从此大治。

丁兰刻木，王质烂柯　丁兰，相传是汉代河内人，早年丧母，用木头刻母亲像，奉养它如同奉养母亲。曹植《灵芝篇》中说："丁兰少失母，自伤早孤茕，刻木当严亲，朝夕致三牲。"相传晋王质进山伐木时见两个童子在一石室门前下棋，于是放下斧头看他们下棋。过了一会儿，一个童子问他："你为何还不走呢？"王质回头一看，斧柯（柄）都已经烂掉了。回到家中，发现时间已经过了上百年。

隐翁龚胜，刺客荆轲　西汉龚胜，汉哀帝时任谏议大夫。王莽篡权后，龚胜归隐乡里，自号隐翁，多次拒绝王莽的征召。并对门人说："我是个快要死了的人，还怎么能以一身仕二姓呢？"绝食十四天而死。荆轲，战国时卫国人，奉燕太子丹之命入秦刺杀秦王。太子丹穿白衣、戴白帽在易水为他送行。荆轲高歌道："风萧萧兮易水寒，壮士一去兮不复还！"到了秦国后，刺秦王失败，被杀。

老人结草，饿夫倒戈　春秋时，晋国大夫魏武子有个宠妾，魏武子死后，他的儿子魏颗没有听从他的遗言让小妾殉葬，而让她出嫁了。后来魏颗与秦将杜回作战，因有一老人结草把杜回绊倒，于是活捉了杜回。晚上魏颗梦见那个老人对他说："我是被你嫁出去的那个女人的父亲，感君恩德，今天结草相报。"春秋时，晋国人灵辄曾居住在翳桑，家境贫寒，时常挨饿。晋国大夫赵盾一次见他挨饿，就给他和母亲食物。后来灵辄成为晋灵公身边的甲士。灵公打算杀掉赵盾，灵辄倒戈相救。赵盾问他何故，灵辄答道："我是翳桑那个挨饿的人啊！"言毕逃走了。

弈宽李讷，碑赚孙何 唐李讷性格急躁，但酷爱弈棋，下棋时动作十分宽缓。有时急躁时，家人便将棋具放在他面前，他就会忘记刚才的恼怒，欣然拿起棋子布局。宋孙何，喜欢古文。他做官时，对下级要求十分苛刻，州县官吏十分害怕。于是州郡各县都搜集文字已经磨灭不清的古代碑石，放在馆舍中，孙何见后，就入迷的读碑石辨文字，也就忘记检查文案了。

昙辍丝竹，裒废蓼莪 晋羊昙是谢安的外甥，深得谢安赏识。谢安死后，羊昙辍乐数年，一次他因事路过金陵，喝得大醉，不觉来到西州城门前，用马鞭叩打城门，口中吟咏曹植诗："生存华屋处，零落归山丘。"痛哭而去。三国魏人王仪被司马昭杀害，他的儿子王裒哀痛父亲死于非命，因而从不向西而坐，以示永不做晋朝的臣子。他隐居以教书为生，每次读《诗经》至《小雅·蓼莪》篇中"哀哀父母，生我劬劳"一句，总是痛哭不已。他的学生们怕触动老师的悲愁，从不当他的面诵读《蓼莪》。

六　麻

退之驱鳄，叔敖埋蛇 韩愈，字退之，唐朝大文学家。因上表触怒了宪宗，被贬为潮州刺史。韩愈来到潮州，关心百姓疾苦。当地溪水中常有鳄鱼伤害人和牲畜。韩愈因作《祭鳄鱼文》，并大力捕杀鳄鱼，地方才开始平安。孙叔敖，战国时楚国人。小时候见一条两头蛇，将它杀死并且埋掉。回家后他向母亲哭诉说："听说看见两头蛇的人都会死的，我今天看见了，以后恐怕再也不能侍奉母亲了。”母亲说：“有阴德者一定会有好报的。你埋掉了蛇，已积下了阴德，是不会死的。”孙叔敖后来做了楚庄王的令尹。

虞诩易服，道济量沙 汉虞诩任武都太守时，曾被一万多羌兵围困在城内，城内守兵不足三千。虞诩命令士兵列队从东门出西门进，进出一次就更换一次衣服，这样转了几周，羌兵恐惧而退。虞诩于是乘机设伏兵进行拦击，结果大破羌兵。南朝檀道济，宋文帝时任司空。元嘉八年(431 年)他领兵伐魏，后因军中粮食缺乏被迫退兵。魏军追击。檀道济命令士兵在夜间一边量取沙土一边高唱数量，并把军中剩下的米覆盖在沙土之上。天亮后，魏军看到宋军粮草充足，就停止了追击。檀道济得以全军而返。

祭遵俎豆，柴绍琵琶 东汉大将祭遵曾追随光武帝刘秀征伐河北，官拜征虏将军，他把皇帝赏赐的财物全部分给了部下。虽在军旅之中，但不忘俎豆。死后为“云台二十八将”之一。柴绍，娶唐高祖之女平阳公主为妻。一次柴绍带兵抵御吐谷浑人和党项人的入侵。敌军占据高地向唐军放箭，柴绍却安坐军中，叫人弹琵琶奏乐，让两位女子对舞。敌军十分奇怪，停止射箭前来观看。柴绍乘机从敌军背后袭击，大获全胜。

颜回练马，乐广杯蛇 孔子与颜回一起登上泰山，看见吴地阊门外系着一匹白马，颜回误认为是一匹白练(绢)。因此后世称马为匹。晋乐广有一次招待朋友喝酒，有个朋友误将投入杯中的弓影当作蛇，喝完酒后就生病了。乐广前去探视得知缘故，于是重新摆酒邀请那个朋友，席间告诉朋友杯中蛇影其实是弓影，朋友打消了疑虑，病也不治而愈。

能言李泌，敢谏香车 唐肃宗听信宦官李辅国的谗言，杀掉了第三子建宁王李倓。李泌知道后面见肃宗，援引以前武则天时的事情进谏说：“以前武后杀了长子李弘，次子李贤十分害怕，作《黄台瓜辞》，希望武后能够感悟。其辞曰：'种瓜黄台下，瓜熟子离离。一摘使瓜好，两摘使瓜稀。三摘犹为可，四摘抱蔓归。'现在陛下已经摘了一个瓜，希望千万不要再摘了。"肃宗听后大悟。战国时，齐宣王造一座大宫室，占地百亩，工程浩大，三年也未完成。朝中百官不敢进言，只有香车一人冒死进谏。宣王纳谏，停止了建造。

薛笺成彩，江笔生花 唐杜甫曾居住于浣花溪。后来名妓薛涛也住在浣花溪旁，用潭水造十色彩笺，称为"薛涛笺"。江淹，南朝梁人，年轻时就以文章出名。任莆城县令时，一天晚上梦见有人送他一枝五色笔，从此他的文章就越来越华丽了。十多年后，又梦见一人前来索笔，于是将五色笔归还。从此江淹再也写不出好句子了，当时人都说他"江郎才尽"。

班昭汉史，蔡琰胡笳 东汉班昭是班固的妹妹，很早就守寡了，著有《女诫》七章。班固著《汉书》，还未完成就去世了，汉和帝就命班昭续成了此书。东汉蔡邕的女儿蔡琰，字文姬，是历史上著名的才女。守寡后回到了娘家。兴平年间，被乱兵劫掠到北方，嫁给了南匈奴左贤王。后来曹操派人用金帛把她赎了回来。蔡琰归汉后，百感交集，于是创作了《胡笳十八拍》。

凤凰律吕，鹦鹉琵琶 传说黄帝曾派乐官伶伦采嶰谷之竹，模仿凤凰的鸣叫声制成十二管，以雄凤的鸣声为六律，雌凰的鸣声为六吕，合称为十二律。北宋蔡确，家有侍女名琵琶，非常聪明，蔡确很喜欢她。蔡确养了一只鹦鹉，每拍一下响板，鹦鹉就会叫琵琶的名字。琵琶死后，蔡确有时误拍响板，鹦鹉还是呼琵琶之名不已。蔡确触景生情，写诗抒怀说："鹦鹉言犹在，琵琶事已非。伤心漳江水，同渡不同归。"

渡传桃叶，村名杏花 晋王献之的爱妾桃叶因事渡江，王献之作歌为她送行，歌云："桃叶复桃叶，渡江不用楫。但渡无所苦，我自来迎接。桃叶复桃叶，桃树连桃根。相怜两乐事，独使我殷勤。"后人因此把此渡口称为桃叶渡，相传在秦淮河口。杏花村现在安徽池州。唐杜牧任池州刺史时，曾作有《清明》诗云：“清明时节雨纷纷，路上行人欲断魂。借问酒家何处有？牧童遥指杏花村。”杏花村因此得名。

七 阳

君起盘古，人始亚当 盘古氏，神话传说中的开天辟地之人。传说盘古生于天地混沌之时，后来天地开辟，盘古每天长高一丈，天也每天升高一丈，地每天增厚一丈，如此一万八千年，天变得很高很高，地变得很低很低。盘古死后身体化作了日月星辰等。亚当，基督教《圣经》故事中的人类始祖。据《圣经》中的《创世记》记载，上帝用泥土造亚当，又用亚当的肋骨造出夏娃，并把他们安置在伊甸园中。亚当和夏娃后来偷吃了伊甸园中的禁果，被驱逐出园。他们生了两个儿子，从此人类开始繁衍生息。

羿雄射日，衍愤飞霜 传说尧时天上出现了十个太阳，晒焦了禾苗树木，尧于是命后羿射去九个太阳。战国时，齐国人邹衍听说燕昭王礼贤下士，就从梁国来到了燕国，燕昭王拜他为师。燕昭王死后，燕惠王听信谗言，把邹衍逮捕下狱。邹衍因为冤屈仰天大哭，时值炎夏，竟降起霜来。

王祥求鲤，叔向埋羊 晋王祥，本性至孝，生母去世后，继母朱氏待他不好，但王祥仍十分孝顺。一年冬天，朱氏想吃活鱼，王祥就脱掉衣服以体温融化坚冰，结果一对鲤鱼从冰下跃出。叔向，春秋时晋国人，有一偷羊贼送了一个羊头给叔向，叔向的母亲把它埋掉了。三年后，东窗事发，叔向受到牵连，他将羊头挖出来，羊头虽腐烂，但舌头还保存着，他因此被无罪释放。

瑜烧赤壁，轼谪黄冈　东汉末年，周瑜在孙吴任建威中郎将。曹操率领军队八十万征吴，周瑜请求带精兵三万抵抗强敌。他陈兵于赤壁，火攻曹军，获得胜利。宋苏轼任湖州知府时，中丞李定、御史舒亶摘其诗文，认为他怨谤皇帝，他因此被捕。后曹太后看了他的诗，知他为仇人中伤，得以免罪，被贬为黄州团练副使。

昙迁营葬，脂习临丧　南朝僧人昙迁与范晔交游甚密。后范晔因谋逆罪被杀，一门中死了十二个人，亲友们都不敢接近范家，昙迁变卖了衣物为范家营葬。宋孝武帝听说后大为叹赏。汉末脂习和孔融交好。后来孔融因触怒曹操被杀，许昌的文武百官都不敢为孔融收尸，唯有脂习抚尸大哭道："文举！你舍我而去，我以后还能跟谁说话呢！"

塞翁失马，臧谷亡羊　边塞一老翁，他的马逃到胡地去了。人们前去安慰他，而他却说："这也许是件好事。"果然不久，他的马带着一匹胡地的骏马回来。人们去祝贺他，而他却说："这也许不是件好事。"过了些天，他的儿子骑马摔断胳膊。人们又去安慰老翁，而老翁却说："这又何尝不是件好事呢！"后来发生了战乱，青壮年男子都被征召入伍，但老翁的儿子却因为断臂而免征，得以活了下来。臧与谷两人去牧羊，结果丢了羊。主人问两人丢羊时在做什么，臧说自己在读书；谷说自己在赌博。两人做的事情虽然不同，但结果却是相同的。

匡衡凿壁，孙敬悬梁　汉匡衡家境贫寒但十分好学。同县有个大户，家中藏书很多，匡衡就去为他做工，却不求报酬只要借书。晚上点不起灯烛，便在墙上凿了个洞，借着洞中透过来的邻家的灯光苦读，最终学问大成。汉孙敬好学不倦，每天晚上读书时，生怕读久了打瞌睡，就用绳子把发髻系在屋梁上防止睡着。

衣芦闵损，扇枕黄香　春秋时鲁国人闵损，幼年丧母。后母虐待闵损，冬天给闵损穿的衣服里面都是芦花絮。闵损父亲因此想休掉后妻，闵损却竭力阻拦。后母从此感悟，待闵损如亲生儿子。汉黄香九岁丧母，他对父亲极为孝顺，夏天先用扇子把枕头席子扇凉，冬天则先把被窝睡热，然后再让父亲睡。

婴扶赵武，籍杀怀王 程婴，春秋时晋国人，与公孙杵臼同为赵朔的门客。晋国权臣屠岸贾残杀赵朔全家后，搜捕赵朔的遗腹子赵武。程婴与公孙杵臼商议后使用调包计，屠岸贾误以为已杀了赵武，程婴便将赵武藏在家中，抚养成人。十五年后，赵武报仇雪恨，杀掉了屠岸贾。秦末项梁起兵反秦后，在民间找到楚怀王的孙子，立为楚怀王。后来项羽尊怀王为义帝。秦灭亡后，项羽自封为西楚霸王，派人把义帝迁往长沙，同时又暗令九江王英布追杀义帝。

魏徵妩媚，阮籍猖狂 魏徵是唐初大臣，敢于直言进谏。一次进谏，因唐太宗没有听从他的谏言，他就不回答唐太宗的问话。唐太宗说："你先回答我的话再向我进谏，又有何妨？"魏徵回答说："从前舜就警惕面从之人。现在如果我知道陛下不对，但口中却应承陛下的问话，就是面从，这难道是贤臣侍奉明君的做法吗？"唐太宗笑道："别人说魏徵疏慢，但我却觉得是妩媚。"阮籍生活在魏晋改朝换代之际，为了保全性命，他纵酒谈玄，从不评论人物的好坏和时事。有时闭门读书，长达几个月；有时游山玩水，一整天也不知道回家；有时漫无目的地驾车出行，往往无路可走了才痛哭而返。

御车泰豆，习射纪昌 西周时，造父向泰豆氏学习驾车之术，泰豆氏对造父说："要继承父业，好弓匠的儿子必须先学制箕，好冶匠的儿子必须先学制裘。你要学驾车之术，要先随我疾走，然后才可以手拉缰绳，驾驭众多的骏马。"他架起木头作为路，宽窄只能容下一只脚，站在木头上快步往返，从不失足。造父也学着走，三天就完全掌握了要领。泰豆氏接着又教给造父得心应手的妙法。纪昌向飞卫学习射箭之术，飞卫说："学射箭首先必须学会不眨眼睛。"纪昌回家苦练三年，即使锥尖刺到，他的眼睛也不会眨动一下。飞卫又对他说："要做到视小如大，视微如著，然后再来找我。"纪昌回去后，用马

尾毛系着一只虱子悬挂在窗前，天天看它。虱子在他眼中渐渐变大如同车轮。纪昌于是就能做到射中虱心而马尾巴毛不断。

盗酒毕卓，割肉东方　晋毕卓年轻时为人豪爽，不拘礼俗，曾说："得酒数百斛，左手持酒杯，右手持蟹螯，泊浮酒船中，便足了一生。"任吏部郎时，一次夜晚乘着酒意偷喝邻居家酿的酒被抓住捆了起来。第二天早上邻家一看，竟然是毕吏部。汉东方朔谈吐风趣，能言善辩。一次祭祀完毕后，汉武帝将祭肉赐给随从的官员。大官还没有来，东方朔不等大官到来就割了肉回家了。汉武帝知道此事后，令东方朔自责。东方朔说："我接受赏赐却没有等待诏令，是多么无礼啊！我拔剑自己割肉，是多么雄壮啊！我割走的肉不多，是多么廉洁啊！拿回去送给妻子吃，又是多么仁慈啊！"汉武帝笑道："我叫你自责，你反倒夸耀起自己来了。"命令再赏赐东方朔酒肉。

李膺破柱，卫瓘扶床　汉李膺迁升为司隶校尉执法严明，当时中常侍张让的弟弟张朔为野王县令，贪残无道，因惧怕李膺，躲藏在张让家的合柱之中。李膺带兵击破柱子，抓住张朔，取得口供后就杀掉了。从此宦官们都很惧怕，嚣张气焰有所收敛。晋惠帝为太子时，昏庸无道，大臣们都不希望他继承皇位，但却不敢说。侍中卫瓘一次酒醉跪在晋武帝床前说："臣有事启奏。"晋武帝说："你要说什么？"卫瓘几次欲言又止，最后用手抚摸着龙床说："这皇座实在可惜了！"晋武帝明白其意，说："你真是大醉了吗？"

寇却例簿，吕置夹囊　宋寇准做宰相时，委任官员不论资排辈，不按惯例，一次他委任官员时，侍从送上了例簿，寇准正色道："宰相的责任是进用贤能，斥退不肖，如果使用例簿，那只是一个小吏的职责！"宋吕蒙正曾经两度为相。他有一个夹囊，夹囊中有册子分别记录着每个拜见他的人的专长才干。待朝廷招纳贤才之时，他就举荐记录在册的贤才，从来没有不合适的。

孔融了了，黄宪汪汪　东汉孔融，十岁时随父亲到洛阳拜访李膺。当时来拜访李膺的人多被拒之门外。孔融因称和李府君乃世代通好，才得以进去。宾主坐定，李膺就问：“令祖、令父和我有交往吗？”孔融回答道：“我家祖先孔仲尼（孔子）和您家祖先李伯阳（老子）有师友之交，因此我孔融和您就是世代通好了。”李膺与众宾客听后十分惊奇。唯有大夫陈韪不以为然，说：“小时了了（聪明），大未必佳。”孔融应声回答道：“想君小时，定当了了。”汉黄宪，字叔度，汝南人。郭泰来到汝南，先去拜访袁奉高，稍留片刻就走了。拜访黄叔度时一住就是数天。有人问其缘故，郭泰说：“袁奉高之才就像大水泛滥一样，虽然清澈但容易舀起来；黄叔度之才则汪汪然像千顷水波，不能使它澄清，也没法使它浑浊，真是不可测量啊！”

申屠松屋，魏野草堂 东汉申屠蟠，预见汉室将乱，因此拒绝了朝廷多次征召，依松筑室隐居其中。后果然董卓专权，许多官员被害，人们都很佩服他的先见之明。宋魏野，陕州人，喜爱弹琴赋诗，曾在城东筑草堂居住，引水种竹，凿土为洞，出门时身骑白驴，自号草堂居士。

贵妃桃髻，公主梅妆 桃花盛开时唐玄宗与杨贵妃在宫中花苑设宴。唐玄宗亲手折下一枝桃花插在杨贵妃的发髻上，说：“这桃花使你更加娇娆美丽。”南朝宋武帝之女寿阳公主，在檐下睡午觉时，梅花飘落在她的额上，妖艳的梅花使她显得更加妩媚动人。于是宫中女子纷纷效仿，制成了一种面饰，号“梅花妆。”

吉了思汉，供奉忠唐 秦吉了，鸟名，长似鹦鹉，耳聪心慧舌巧，通晓人言。曾经有位夷人买一只秦吉了回去，秦吉了说：“我是汉地的禽鸟，是不会进入夷地的。”由于受到惊吓，又拒绝进食，这只鸟不久就死了。唐昭宗因为黄巢起义，逃奔蜀中，随行有人带一猴子，很得唐昭宗的欢心。唐昭宗特赐这只猴子穿绯袍，号称“供奉”。后来朱全忠篡权，这只猴子见了朱全忠，就扑向前，跳起来用力打他，结果被杀害了。

卷四

八庚

萧收图籍，孔惜繁缨 秦末萧何随刘邦攻入秦朝都城咸阳，众将都去抢夺金银财宝，而萧何却去搜罗秦朝的律令图籍，从而掌握了全国的山川险要和郡县户口等情况。春秋时，新筑大夫仲叔于奚救了卫国大夫孙恒子。卫国国君想赏赐仲叔于奚，仲叔于奚请求赏赐给他只有诸侯才能使用的乐器，并允许他使用用繁缨装饰的马匹，卫国国君答应了。孔子听到这件事后说：“可惜啊！器物和名号是不能随便给人的。”

卞庄刺虎，李白骑鲸 春秋卞庄子，以勇猛著名。一次，他见有两只老虎在吃一头牛，便想同时杀了这两只老虎。有个名叫管竖子的人对他说：“牛肉味道鲜美，两只老虎一定会为争食发生争斗，结果一定是一只老虎被杀死，另一只受重伤。到时候你只要与那只受伤的老虎搏斗，就能一举两得了。”卞庄子认为有理就按他的话去做，果然轻松地得到了这两只老虎。唐李白拜访他的族叔李阳冰，在江上泛舟。当时他已喝得酩酊大醉，见水中有个月影，就大叫要把月亮捞起来，不料跌落江中溺死了。也有传说李白在水中骑鲸上了天。

王戎支骨，李密陈情 晋王戎、和峤两人父母同时去世，王戎服丧期间变得骨瘦如柴，和峤则哭得十分哀伤。晋武帝对刘仲雄说："我听说和峤的哀伤已经超过礼制，实在使人忧虑。"刘仲雄却说："和峤虽然极尽礼节，但他的精神没有受到损害；而王戎虽然没有极尽礼节，却由于过分哀伤而损害了健康，身体变得骨瘦如柴。臣以为和峤是生孝，而王戎则是死孝，陛下不应该担忧和峤，而应该首先担忧王戎。"晋朝李密，父亲早亡，母亲改嫁，由祖母刘氏抚养成人。晋武帝征召他入宫，他上《陈情表》推辞说："臣没有祖母，就不可能有今日；祖母现在没有臣的照顾，就无法安度晚年。祖孙两人，相依为命，所以祖孙之间的亲情，不能被废弃。"晋武帝看了以后为之深深叹息，同意他暂不出仕。

相如完璧，廉颇负荆 战国时，赵王得到了楚国的和氏璧，秦昭王要求用十五座城池来换取这块宝璧。蔺相如奉命带和氏璧入秦。秦昭王拿到和氏璧后，却根本无意交出十五座城池。蔺相如借口和氏璧中有斑点，将和氏璧拿回自己手中，威胁要将它撞碎。秦昭王急忙劝止，并答应斋戒五日后再接受和氏璧，蔺相如趁机派随从带和氏璧逃回了赵国，秦昭王知道后无可奈何。战国时，廉颇为赵国将军，蔺相如为上卿，位在廉颇之上。廉颇对蔺相如身居高位，十分气愤。为了避免正面冲突，蔺相如尽量避开廉颇。他的舍人对他的举动很不理解，蔺相如对舍人说："秦王之所以不敢对我国用兵，就是因为有我与廉将军在。我之所以避开廉将军，是因为我把国家的危难放在首位，而把个人的仇怨放在第二位。"廉颇知道后，惭愧万分，就登门负荆请罪。后两人成为生死之交。

从龙介子，飞雁苏卿 春秋时介之推曾追随晋国公子重耳流亡国外，途中还曾割股肉给饥饿的重耳吃。后来重耳回国当了国君，赏赐追随他流亡的手下，独独忘了介之推。有人在宫门上题词说："有龙矫矫，遭天谴怒。三蛇从之，一蛇割股。二蛇入国，厚蒙爵土。馀有一蛇,弃于草莽。”文公感悟,于是派人去请介之推。介之推带着母亲逃进绵山,使者放火烧山想逼他们出来,然而介之推母子抱树不出,结果被烧死。汉苏武,字子卿,汉武帝时出使匈奴,被扣留。多年后汉昭帝即位,又派遣使者来到匈奴,与苏武同时被扣的汉朝官员常惠夜见汉朝使者,教使者对单于说汉朝皇帝在上林苑射猎,射下一只足系帛书的大雁,知道苏武等人都在某个大泽之中。单于大惊,送苏武等人回国。

李平鳞甲,苟变干城 李平,字正方,三国时蜀国的大臣,与诸葛亮共同辅佐后主刘禅。一次,诸葛亮带兵讨伐魏国,因李平无法及时督运粮草,就劝诸葛亮退兵。待诸葛亮领军回朝后,李平为推卸责任又假装惊讶地对诸葛亮说:“粮草都已经催督齐备了,你为何退兵呢?”诸葛亮向后主刘禅出示李平的前后书信,于是李平被削职为民。后诸葛亮对蒋琬说:“别人说李正方腹中有鳞甲,想不到果有其事。”子思向卫侯推荐苟变说:“苟变的才能可以带领五百辆战车参加战斗。”卫侯说:“我也知道他是个将才,但是由于他白吃了老百姓的两只鸡蛋,所以没有重用他。”子思说:“明智的君主用人,就像匠人用木头做器具一样,取其所长,弃其所短。现在天下各国多所争执,您挑选得力的心腹将士,如果只是因为白吃两个鸡蛋就毁弃一位干城之将,那实在是不应该。”卫侯说:“我接受你的教诲。”

许丞耳聋,丁掾目盲 汉黄霸任颍川太守时,长吏许丞年老且耳聋,督邮请求黄霸赶走他。黄霸却说:“许丞很廉洁,年纪虽老但还能处理公务,耳聋又有何关系呢?”问其原因,黄霸说:“多次改换长吏,会有送故迎新的麻烦;而且吏员往往会狼狈为奸,新上任的长吏又不一定贤能,这样做只会使他们相互勾结作乱。大凡治国之道,除去太过分的人就可以了。”丁仪,字正礼,东汉末年人。曹操很欣赏他的才华,想把女儿嫁给他,儿子曹丕说:“正礼有一只眼睛瞎掉了,恐怕您的爱女不喜欢他。”曹操责备曹丕说:“即使丁掾两只眼睛都瞎了，我也要把女儿嫁给他，何况他只瞎了一只眼呢？”

卧床逸少，升座延明　晋王羲之，字逸少。太尉郗鉴派人到丞相王导府上求婚，使者回去后对郗鉴说：“王家的少年们都很不错，然而听说我去求婚，一个个都很拘谨。只有一位少年袒胸露腹躺卧在床上吃胡麻饼，仿佛没听说这件事似的。”郗鉴听后说：“这个就是我要找的女婿。”一查问，那人就是王羲之。北魏刘昞，少年时随博士郭瑀学习。郭瑀打算在弟子中挑选女婿，于是设了一个讲席，对弟子们说：“我有一女，想觅求一个女婿，你们中谁能坐上这个讲席，我就把女儿嫁给他。”刘昞抖了抖衣服，登上了讲席，神色坦然，说：“能坐上这个讲席的非我莫属。”郭瑀于是将女儿嫁给了他。

书成凤尾，画点龙睛　萧锋是南朝齐的宗室成员。四岁时就勤练书法，他一学就会，齐高帝十分高兴，赏赐他玉麒麟。南北朝张僧繇擅长画山水人物。他曾在金陵安乐寺的墙壁上画了两条龙，但没有点上龙的眼睛。有人问何故，他说：“我如果点上龙的眼睛，龙会立刻飞走。”大家不信，再三要求他点上眼睛，他只好去点。刚刚点好一条龙的眼睛，忽然雷电击破墙壁，一条龙腾飞而去，而那条还未点上眼睛的龙却还在墙壁上没有动。

非熊再世，圆泽三生　唐诗人顾况，晚年儿子顾非熊暴亡，他伤心不已，感动了阎王，阎王于是让顾非熊重新投生到了顾况家。唐僧人圆泽与李源十分要好。一次，圆泽指着一个正在河边汲水的妇人对李源说：“我要死了，死后我将投生到这个妇人家里。十三年后的中秋月夜，在杭州天竺寺再见。”晚上圆泽果然死了。十三年后，李源赴约，听到一位牧童正扣打牛角唱歌，歌辞道：“三生石上旧精魂，赏月吟风不要论。惭愧情人远相访，此身虽异性长存。”李源和他交谈，发现他果然知道圆泽的生前之事。

志和耽钓，宗仪辍耕　唐张志和，被贬遇赦后隐居江湖，自称烟波钓徒。他曾作有《渔歌子》词：“西塞山前白鹭飞，桃花流水鳜鱼肥。

青箬笠，绿蓑衣，斜风细雨不须归。”元陶宗仪，曾避难于华亭，躬耕自给。耕作时常带着笔墨纸砚，心中有所悟就暂停耕作，随手记下，投入瓮中。时间一久，瓮中贮满了纸片，他将纸片上的文字整理成书，并题书名为《南村辍耕录》。

卫鞅行诈，羊祜推诚 战国时，秦国派卫鞅讨伐魏国，魏国公子卬率军抵抗。卫鞅写信给公子卬说：“我本与公子您很要好，现在我身为秦国将军，不忍心攻打公子，想与公子相见，当面商量罢兵停战的事宜，从而使我们秦魏两国相安无事。”公子卬听信了卫鞅的话，前去与卫鞅相见，结果被劫持，魏军大败。魏王害怕，只得割地进献，并迁移至大梁。晋名将羊祜镇守襄阳长达十年。他在任内注重休养生息，开荒屯田，抚恤百姓，平日里，身不披甲，与吴国将领陆抗互通使节，互不侵犯，因此很得江汉百姓和吴人的心。

林宗倾粥，文季争羹 东汉郭泰，字林宗，博览群书，精通经典。他到陈地讲学时，当地有一个小孩魏德公做他的侍从。一天，郭泰生病，半夜叫魏德公烧粥给他吃。魏德公煮好粥后，郭泰接过后看也不看，并责骂魏德公说："你为尊长烧粥，粥中竟有沙粒，怎么能吃呢？"言毕就把碗扔了。魏德公挨骂后，不怒反喜，郭泰说："今天我见到你的心了。"于是就向魏德公传授学业。南朝齐高帝一次宴请群臣，酒席上有一道菜叫羹脍。黄门侍郎崔祖思说："此菜南北都很推崇。"侍中沈文季说："羹脍是吴地的食物，不是崔祖思所能了解的。"崔祖思说："炮鳖脍鲤，似乎没有在吴地诗歌中出现吧。"沈文季说："那么千里的莼羹和鲁卫之地有什么关系呢？"

融赋沧海，祖咏彭城 南朝齐张融曾乘船渡海到达交州，作有《海赋》，赋中有警句道："穷区没渚，万里藏岸。湍转则日月似惊，浪动则星河若覆。"北魏王肃作有《悲平城》。彭城王勰很赞赏这首诗，但一时口误，将平城说成了彭城被王肃嘲笑。当时在场的祖莹说："《悲彭城》，王先生恐怕没有见过。"并念道："悲彭城，楚歌四面起。尸积石梁亭，血流淮水里。"王肃听后十分叹赏。

温公万卷，沈约四声 宋司马温公藏书万卷，虽早晚翻阅，年数已久，但仍然很新。他曾对弟子们说："商人喜欢收藏财货宝物，而我却偏偏喜欢收藏书籍。"南北朝沈约撰有《四声谱》。认为自己诗歌声韵方面的精妙道理无所不知。一次，梁武帝问周捨："何为声？"周捨答曰："天子圣哲就是。"

不齐宰单，子推相荆 春秋时，宓不齐是孔子的弟子，曾做鲁国单父宰。宓不齐拜当地五位贤人为师，并请他们分别治理地方事务，所以他身不下堂而地方被治理得很好。后来巫马期担任单父宰，虽不辞辛劳，事必躬亲，但治理得不如宓不齐好。于是去问宓不齐原因，宓不齐对他说："我治理地方靠贤人，所以很轻松，你治理地方靠力气，所以很劳累，然而却总达不到最好。"子推担任楚相时，将楚国治理得井然有序。孔子派人去了解他的治国之道，使者回报说：“子推的廊下有二十五位贤士，堂上有二十五位老人。”孔子说：“合二十五人的智慧，就会比商汤和周武王还要聪明；合二十五人的力气，就会比彭祖的力气还要大。用这样的方法，治理整个天下都足够了，何况只是楚国呢？”

仲淹复姓，潘阆藏名 宋范仲淹，小时父亲去世后，他便随继父姓朱，后来考中进士，就恢复了原来的姓。他自嘲道：“志在投秦，入境遂称张禄；名非霸越，乘舟乃效陶朱。”宋潘阆，自号逍遥子，擅长做诗。因受卢多逊案牵连获罪，躲藏于寺中。一次他在钟楼上题了两句诗道：“顽童趁暖贪春睡，忘却登楼打晓钟。”孙仅看到后，认出是潘阆想叫出来，不料他已逃走。

善酿白堕，纵饮公荣 晋刘白堕，善于酿酒。六月时，用罂贮存美酒，然后放在太阳下晒十天，味道不会变。如果喝这酒醉了，过一个月才会醒。曾经有人路遇强盗，就把随身带的一罂刘白堕所酿之酒给强盗喝了，强盗们全醉得不省人事，纷纷被抓。当时人都说：“不畏张公拔刀，惟畏白堕春醪。”晋刘公荣嗜酒，无论何人，他都愿意陪着一起痛饮。他曾说：“酒量胜过我的，我不能不和他一起饮酒；酒量不如我的，不能不和他一起饮酒；酒量和我差不多的，也不能不和他一起饮酒。”

九　青

经传御史，偈赠提刑 《三字经》曾疑乃宋元时人所作，后来发现了民间熊氏所藏的大板《三字经》，其中有明代蜀人梁应井画的图，有山东聊城傅光宅侍御史作的序，内文中“大明兴”和“十九史”之句，由此推知《三字经》出于明代。宋郭祥正任提刑。他到舒州白云山海会寺游玩，方丈作偈相赠，其偈道：“上大人，孔乙已，化三千，七十士。”

士安正字，次仲谈经 唐刘晏，字士安，从小聪明过人。八岁时，被唐玄宗封为太子正字。有一天，唐玄宗和刘晏开玩笑道：“你做正字这个官，校正了多少字？”刘晏答道：“天下的字都可以校正，唯独‘朋’字不能校正。”意在劝唐玄宗惩治朋党。东汉戴凭，字次仲，曾任侍中。一次朝贺，皇帝令大臣们说经，相互提问，说不通经义的人把座位让给能说通的人。结果戴凭共得五十多个座位。当时京师之人都说：“说经不穷戴侍中。”

能诗杜甫，嗜酒刘伶 杜甫，唐朝大诗人，其诗歌多忧时事，被称作“诗史”。晋刘伶，“竹林七贤”之一。性情豪放，嗜酒如命，妻子劝其戒酒，他说：“我将在神灵前发誓戒酒。”妻子于是准备酒肉让他祭祀神灵，刘伶却跪下向神灵祷告道：“天生刘伶，以酒为名。一饮一石，五斗解酲。妇人之言，慎不可听。”祷告完后喝酒吃肉，陶然而醉。他著有《酒德颂》。

张绰剪蝶，车胤囊萤 唐咸通初年，进士张绰，精于道术，他用纸剪成许多蝴蝶，运气一吹，蝴蝶就成群而飞，收回手中后仍然是纸做的。晋车胤小时就勤奋好学。他家境贫寒，夏日里就将萤火虫装入丝布囊，夜间用来照明读书。

十　蒸

献之书练，夏竦题绫 吴兴太守王献之，十分喜欢乌程县令羊欣。一次见羊欣穿白裙在午睡，便拿笔在羊欣的白裙上写了许多字。羊欣爱好书法，日夕揣摩白裙上的墨迹，因此书艺大进。沈约说：“羊敬元尤其擅长隶书，子敬之后，可独步天下。”宋夏竦自幼能诗善文，后考中进士，一老太监用吴地白绫所制成的手巾向他求诗，夏竦在手巾上题诗道："殿上兖衣明日月，砚中旗影动龙蛇。纵横礼乐三千字，独对丹墀日未斜。"杨徽之见此诗赞叹道："真是宰相之才啊！"

安石执拗，味道模棱　宋仁宗时，王安石向皇帝进万言书，主张变法。宋神宗时，王安石任参知政事，实行新法。他意志坚定，锐意进取，决不后退。反对派因他执拗，称他为"拗相公"。唐苏味道身居相位，遇事从不表明自己的态度。他曾对人说："决断事情不要表示得太明白，否则万一错了就会让人悔恨交加，模棱两可就可行了。"当时人称他为"苏模棱"。

存鲁端木，救赵信陵　春秋时，齐国讨伐鲁国，孔子命弟子们拯救鲁国。端木赐游说齐国讨伐吴国没有成功，于是前往吴国和越国游说，最终使得各国联合与齐军大战，大破齐军，拯救了鲁国。战国时，秦军包围赵都邯郸，魏派大将晋鄙领兵救赵。晋鄙有疑虑，按兵不动，魏国公子信陵君无忌偷出调兵的虎符，又命人杀了晋鄙，亲自领军救赵，击退秦军。

邵雍识乱，陵母知兴　宋邵雍爱好《周易》，在洛阳居住了近三十年，他常用《易》理、天象来推断天下的兴衰治乱。楚汉相争时，因王陵归附刘邦，项羽便抓其母以要挟他，他的母亲哭着对王陵派来的使者说："请告诉王陵，好好追随汉王干事，汉王是个长者，一定会得天下，千万不要因为我而怀二心。"说完拔剑自杀。

十一　尤

琴高赤鲤，李耳青牛　《列仙传》载：赵国人琴高，曾经入涿水捉龙王之子，行前对弟子说："你们可沐浴斋戒后在水边等我。"不久果然见他乘着赤鲤出水而来。李耳，即老子，春秋时期楚国人。他学识渊博，曾在朝做官。后见周朝衰败，就骑青牛西出函谷关，并向函谷关守关小吏尹喜传授了自己所著的《道德经》五千言，然后渡过流沙河而去。

信擒梦泽，翻徙交州　汉朝建立后，韩信被封为楚王。有人告韩信谋反，汉高祖用计，假装出游云梦泽，将韩信逮了起来，用囚车押送回京。韩信感叹道：“人们都说：‘狡兔死，走狗烹；飞鸟尽，良弓藏；敌国破，谋臣亡。’现在天下已定，我本来也该被烹死了。”后汉高祖赦免了他，但被贬为淮阴侯。汉末虞翻，先后追随王朗孙策、孙权，多次犯颜直谏，被贬交州。他虽身处偏远之地，但讲经论学却丝毫没有懈怠。

公超成市，长孺为楼　汉张楷，字公超，精通左氏《春秋》和古文《尚书》。因仰慕而拜访他的人乘坐的车马常堵塞街道。商人纷纷在张楷家周围建造旅舍。张楷无奈迁居华阴山，门生宾客也纷纷跟随而来，于是在华阴山南形成了一个“公超市”。宋孙长孺，酷爱学习，他专门建造了一座楼房用来收藏搜罗的书籍，当时人称他为“书楼孙氏”。

楚邱始壮，田豫乞休　楚邱先生去见齐国孟尝君，孟尝君对他说：“先生已年迈，有什么可教诲我的呢？”楚邱先生回答说：“如果你叫我投石超距、追车赶马，那我的确是老了；但如果你叫我帮助你出谋划策，那么我刚刚是壮年，怎么能算老呢？”三国魏田豫为卫尉，上书请求让位于人未得批准。田豫说：“年过七十还占据高位，就像天快亮了却还要夜行不止一样，是有罪之人。”于是称病辞归。

公孙东阁，庞统南州　汉公孙弘家境贫寒，直到四十多岁才开始勤学。后被封为平津侯，于是开东阁广纳贤才，并用自己的俸禄资助宾客。庞统，字士元，司马徽称赞他是“南州士之冠冕”，其叔庞德公则称他为“凤雏”。刘备曾任他为耒阳县令，结果没有治理好。后鲁肃送信给刘备说：“庞士元不是治理一县的人才，只有让他担任治中、别驾之类的官，才能够施展他的千里大才。”刘备于是任庞统为治中从事，与诸葛亮并为军师。

梁吟傀儡，庄梦髑髅 唐梁锽作有《傀儡吟》诗云：“刻木牵线作老翁，鸡皮鹤发与真同。须臾弄罢寂无事，还似人生一梦中。”傀儡指木偶戏。一次，庄子到楚国去时，见一个髑髅，就用马鞭敲打它，问道：“每个人都喜欢活着，你为何成了这个样子？你是不是因为国家灭亡而被人杀死的呢？”言毕，头枕髑髅躺下了。半夜里，庄子梦见髑髅对他说：“你白天所说的都是活人的忧患，死了就没有了。人死了，就再没有国君在上，臣子在下，也没有四季循环之事，即使以天地为春秋，南面为王，其乐趣也无法超过。”

见讥子敬，犯忌杨修 东晋王献之，字子敬。小时观看父亲王羲之的门生玩樗蒲说：“南风不竞（强劲）。”王羲之的门生说：“这个孩子像在管中窥豹，只见一斑。”王献之听后大怒，拂袖离去。汉末杨修为曹操主簿。一次他随曹操过江，见曹娥碑的背面刻有八个字：“黄娟幼妇，外孙齑（jī）臼。”曹操不明其意，杨修都已明白了。又前行三十里曹操方领悟，就叫杨修解释。杨修说：“黄绢，就是有色之丝，是个‘绝’字，幼妇，就是少女，是个‘妙’字；外孙，是女儿的儿子，是个‘好’字；齑臼，受辛，就是‘辤’（‘辞’的异体字）字。四个字合起来就是‘绝妙好辞’。”曹操听后说：“正合我意。”因此十分嫉恨杨修，后来借故将他杀了。

荀息累卵，王基载舟 春秋时晋灵公造九层高的楼台，三年还未竣工，百姓怨声载道。大臣荀息对晋灵公说：“我能将十二颗棋子叠加起来，然后再在上面放九个鸡蛋。”晋灵公说：“那可太危险了！”荀息说：“这一点也不危险。你造九层高台，三年不成，致使人力疲乏，男不耕，女不织，那才十分危险。”晋灵公醒悟，下令停工。王基，三国时魏国人。魏主曹丕大兴土木，劳民伤财，王基上疏说：“古人用水比喻老百姓：‘水可以载舟，亦可以覆舟。’颜渊也曾说：‘东野之子驾马，马跑得没有力气了，他仍挥鞭不止，要它继续前进，这样是会坏事的。’现在大兴土木，徭役繁重，百姓怨声载道，希望陛下能够明察，留意水舟之喻。”

黄联池上，杨咏楼头　宋黄镒，七岁还不会说话。祖父因他长相秀美而很喜欢他，遇物就教他辨认。一天祖父带他到一个水池之中，对他说：“水马池中走。”黄镒忽然开口对道：“游鱼波上浮。”从此就能说话了。宋杨亿好几岁还不会说话。一天，家人抱他登楼，他竟开口吟诗道：“危楼高百尺，手可摘星辰。不敢高声语，恐惊天上人。”

曹兵迅速，李使迟留　曹操担心刘备抢占江陵军备物资，于是领兵一日一夜行了三百多里，终于在长坂坡赶上并击溃了刘备的军队。东汉李郃，曾为汉中府府吏。一次权臣窦宪纳小妾，百官都去送礼庆贺。李郃劝太守不要送礼，说：“窦将军恃宠生娇，大祸临头，千万不要和他交往。”太守不听。李郃就自请前往送礼，路上他故意逗留，到扶风时窦宪已经事败，凡送礼之人均被罢官，而汉中太守得以幸免。

孔明流马，田单火牛　诸葛亮（字孔明）曾率军伐魏，用木牛运送军粮，大败魏军。几年后再次率领大军伐魏，这次他用流马来运送军粮，并占据有利地形，与司马懿对阵于渭南。田单，战国时齐国将领。曾用反间计，使燕惠王罢了乐毅的兵权，改用骑劫为将。不久，骑劫率军围攻齐国邯郸，田单用火牛阵击败燕军，一举收复七十多座城池。齐襄王拜他为相，封安平君。

光安耕钓，方慕巢由　东汉严光，曾与光武帝刘秀同学。刘秀做了皇帝以后，三次请他，他才来到京师，不久就又归耕于富春山。富春山前临桐江，上有钓台，清丽奇绝。汉薛方是清高有节之士，王莽请他出仕，他婉辞道：“尧舜在上，下有巢由。今明主方隆唐虞之德，小臣欲守箕山之节。”王莽听后很高兴，便不再强逼他了。

适嵇命驾，访戴操舟　晋吕安是嵇康的知交，每当怀念友人，即使相隔千里也要驾车造访。一次吕安拜访嵇康不在，便在门上写了个“凤”字离去。嵇康回来后，见到此字便说：“凤，凡鸟也。”晋王徽之，为人洒脱放逸，名重一时。住在山阴时，一个雪夜忽然想起了住在剡溪的友人戴逵，于是连夜乘小舟前去拜访。翌日清晨到戴家门口，又忽然叫人摇船回去。人问何故，他说：“乘兴而来，兴尽而返，何必见戴！”

邵瓜五色，李橘千头 秦邵平，曾为东陵侯。秦灭亡后，成为一介平民，种瓜为生。他种的瓜有五种颜色，非常好看，世称“东陵瓜”。三国吴李衡为丹阳太守，妻子习氏总阻止他置办家产，他便偷偷派人到龙阳的汜洲，种了一千棵橘树。临终时，他对儿子说：“你母亲讨厌我置产，所以现在家境贫困。但我在龙阳的汜洲种有木奴千头，每年可得绢千匹，足够家用了。”

孙阳识马，丙吉问牛 孙阳为春秋时的伯乐，精于相马。一次，他见一匹千里马伏在盐车下面，就为它的遭遇哭泣。千里马仰头长鸣，鸣声上达于天，久久不绝。汉丙吉曾为相，性情温和宽厚，有一次出门，见一群人正在斗殴，他不去过问；然而听到路旁有牛的喘息声，他却忙派人去问赶牛人赶着牛走了多远。有人讥笑他不知轻重缓急，丙吉说：“百姓斗殴自有京兆官府禁止。现在还是春天，如果是因为天太热而使牛喘气，那就是时气失节了，而调理阴阳正是我做丞相的职责。”

公艺百忍，孙昉四休 唐张公艺，九代同居。唐高宗询问大家庭和睦相处的秘诀，张公艺写一百多个“忍”字献给唐高宗。唐高宗认为他回答得很对，赏赐缣帛百匹。北宋孙昉，自号四休居士。黄庭坚问他名号的由来，他说：“粗茶淡饭饱即休，补破遮寒暖即休，三平二满过即休，不贪不妒老即休。”黄庭坚极为赞赏。

十二　侵

苏耽橘井，董奉杏林　南北朝人苏耽，极为孝顺。相传他在成仙之前，预料两年后将会有瘟疫流行。于是种植柑橘，开凿水井，对母亲说："吃桔一瓣，喝水一盏，病就会好了。"后来果然流行瘟疫，他母亲按他的话给人治病，结果都治好了。晋董奉居于庐山，有道术。他为人治病不要钱，只叫病人种植杏树来抵药价，几年后杏树成林了。董奉用卖杏子的钱买回米谷，救济贫民，也供给过路人。

汉宣续令，夏禹惜阴　汉宣帝时，魏相奏请选派通晓经书及知阴阳者四人，各执掌一个季节的时令，以调和阴阳，就如汉高祖刘邦当年一样。汉宣帝同意了魏相的建议。大禹曾说人应当珍惜光阴。晋陶侃镇守荆州时，对人说："大禹是圣人，还很珍惜每一寸光阴；像我等平常之人，就更应当珍惜每一分光阴了。"

蒙恬造笔，太昊制琴　传说秦蒙恬始制毛笔，以枯木为笔管，鹿尾为笔柱，外披羊毛。传说上古时的太昊金天氏用桐木制作琴身，用丝制作琴弦，定琴弦为二十七根，音乐从此兴盛起来。

敬微谢馈，明善辞金　南朝齐人宗测，一次游览庐山，江州太守箫子响送他很多礼物。宗测推辞说："我远道来此，按照腹量以松子为食，按照体形以薜萝为衣，已恬然知足，怎么能接受这横来的施舍呢？"元元明善曾经作为副使，同一个蒙古人出使交趾国。交趾国王向两人赠送金子，蒙古人接受了，而元明善没有接受。交趾国王对元明善说："正使已经接受了，你为何推辞呢？"元明善回答说："正使接受，是为了安小国之心；我不接受，是为了保全大国的体统。"

睢阳嚼齿，金藏披心　安史之乱时，叛军围攻睢阳，唐朝守将张巡和许远率军坚守。张巡每次战斗都要大呼，把牙齿都咬碎了。

后来睢阳被叛军攻破，张巡被俘时牙齿只剩下三四个了。唐武则天时，有人诬告太子谋反，武则天命酷吏来俊臣去审问。安金藏闯入殿中高呼："太子没有谋反！陛下如不相信，我请求剖出心来表明心迹。"说完拔刀剖开自己的肚子，五脏都露了出来，血流满地，武则天命人把他抬入宫中，用药敷伤，一天一夜才苏醒过来。太子得以幸免于难。

固言柳汁，玄德桑阴 唐李固言，曾为宰相。他说自己未及第时，一天经过柳树下，听到了弹指之声，并有声音说："我是柳树神，已用柳汁染了你的衣服。你穿上蓝袍时，要用枣糕来祭祀我。"不久，李固言果然中状元。三国时蜀国的建立者刘备，字玄德，很小丧父，以贩卖草鞋和编织草席为生。他家东南角有棵桑树，高五丈多，远望有如车盖，都说这棵桑树不同寻常。有人说："此家必出贵人。"刘备小时常在桑树下玩耍。一天，他坐在树下对小孩们说："我将来一定会乘坐羽葆盖车。"

姜桂敦复，松柏世林 南宋官员晏敦复刚担任左司谏，两月之间驳斥了二十四件事，朝廷为之震动。秦桧派人向晏敦复说："你如果能够遵照我的意思，我可提升你担任更重要的官职。"晏敦复回答说："姜桂之性，越老越辣，我怎能为一己私利而耽误了国家大事呢？"汉末宗世林不满曹操为人，不与曹操交往。后曹操做了司空，总揽朝政，得意地对宗世林说："现在我可以和你交往了吗？"宗世林回答道："我仍要保存我的松柏之志。"

杜预《传》癖，刘峻书淫 晋杜预著有《春秋左氏经传集解》，成一家之学。他常说王济有马癖，和峤有钱癖。晋武帝一次问杜预："你有何癖？"杜预答道："臣有《左传》癖。"南北朝刘峻，勤于读书，经常通宵达旦。一听说某处有奇书，他就一定要去借来读，崔慰祖说他是个"书淫"。

钟会窃剑，不疑盗金 三国魏钟会擅长书法，是荀勖的堂舅，与荀勖很要好。他模仿荀勖手迹写了封信，并用这封信从钟夫人手中骗取了荀勖的宝剑，从此据为己有。直不疑汉文帝时为郎官。一次，有个和他同屋的人回家时，误拿别人的金子。金子的主人以为是被直不疑拿走了，直不疑不加否认，道了歉，并找来金子“偿还”失主。回家的那个人回来后把金子归还了失主，失主十分惭愧。

桓伊弄笛，子昂碎琴 晋桓伊擅长吹笛，为江南第一。王徽之久仰他大名却不相识。一次，王徽之在路上遇见桓伊，知此人就是桓伊后，就派人去请他吹笛。当时桓伊已经显贵，但一听是王徽之，就吹奏了即兴而作的《梅花三弄》。吹毕，上车而去，两人始终没说一句话。唐陈子昂初到长安，无人赏识，心里极为不平。有人在街上卖胡琴，标价一百万，陈子昂买下此琴，并告诉众人：“我擅长弹奏胡琴，明天要在这里弹奏。”第二天众人果然纷纷前来，陈子昂笑道：“蜀人陈子昂，著有文章百轴，但不为人所知；这把胡琴工艺低劣，怎么值得留心呢？”说完，他将胡琴砸碎在地，然后把百轴文章分送众人，于是名震京师。

琴张礼意，苏轼文心 春秋琴牢，与子桑户、孟之反三人为友。子桑户死了，琴、孟二人鼓琴而歌，子贡见了，问道：“敢问临丧而歌，符合礼仪吗？”琴牢、孟之反两人相视而笑。子贡告知孔子，孔子说：“他们是方外之人，而我们是方内之人。”宋苏轼的文章气势磅礴，豪迈奔放。他曾说：“我生平没有痛快的事情，只有写文章，意之所到，则笔力曲折，无不尽意，我认为世间乐事无过于此。”

公权隐谏，蕴古详箴 唐穆宗见柳公权的书法笔迹后，十分喜爱，问柳公权为何字写得那么好，柳公权答道：“用笔在心，心正则笔正，笔正才可以学习。”暗示唐穆宗生活太荒淫放纵，唐穆宗听后默然。唐张蕴古名重当时。唐太宗即位，他献上《大宝箴》，用意在于劝谏太宗以民为重。

广平作赋，何逊苦吟 唐宋璟为人耿直，唐玄宗朝任宰相，封广平郡公。他擅长诗文。皮日休曾为他的文集作序，其中写道："广平为相，贞姿劲质，刚态异状，疑其铁肠与石心，不能吐婉媚辞。睹其文，有《梅花赋》，清丽富艳，得南朝徐庾体，殊不类其为人。"南朝何逊，在扬州做官时府中有一株梅，他常在树下吟诗作文。后他居住洛阳，因思念那株梅花，便上书请求再到扬州做官。

荆山泣玉，梦穴唾金　春秋时楚国人卞和得到一块荆山璞玉，先后献给楚厉王楚武王，均不识玉，以欺君之罪斩去他双足。楚文王即位后，卞和抱着璞玉在荆山之下哭泣，楚文王派人问他，他说："我不是为断足而悲泣，而是悲泣进献宝玉却被认为是石头，一片丹心却被认为是欺君罔上。"楚文王叫玉工琢磨璞玉，果然得了宝璧，称之为"和氏璧"。《述异记》载：南康武都县西沿江有石室，名叫梦穴。传说曾经有一船夫搭载一黄衣之人，船过石室时，黄衣人在船上吐了几口唾液，便下船走入了石室中。船夫再看船上唾液，发现全变成了黄金。

沫经三败，获被七擒 春秋时鲁国人曹沫，效力于鲁庄公。齐桓公率军讨伐鲁国，鲁军连败三场，被迫割地求和。后来两国国君会盟于柯地，曹沫趁机劫持了齐桓公，要求归还领土。齐桓公无奈，只好归还鲁国所割让的领土。孟获，三国时彝族首领。刘备死后，他和雍闿起兵反蜀。诸葛亮杀了雍闿，对孟获则七擒、七纵，使得孟获心悦诚服地归降。

易牙调味，钟子聆音 易牙是春秋时齐桓公的宠臣，精于调味，善于拍马奉迎。齐桓公一次说："我尝遍天下美味，唯有蒸熟的婴儿还没有尝过。"易牙于是蒸了自己的小儿给齐桓公吃，后来齐桓公知道了真相，更加宠爱易牙。春秋时钟子期精通音律，与伯牙是好朋友。伯牙弹得一手好琴。伯牙弹琴，志在高山，钟子期就说："巍巍乎若泰山！"伯牙弹琴，志在流水，钟子期就说："荡荡乎若流水！"钟子期死后，伯牙认为世上已无知音，就断弦，摔琴，终身不再弹琴。

令狐冰语，司马琴心 晋令狐策一晚梦见自己在冰上，和冰下之人说话。索统替他解梦说："冰上为阳，冰下为阴。冰上人和冰下人说话，是为阳语阴，这是媒人介绍之事。《诗经》中说：'士如归妻，迨冰未泮。'你将为人做媒，冰融化时婚事就成了。"不久，太守田豹果然托令狐策做媒，婚事到仲春就成了。后来便称媒人为"冰人"。汉司马相如长于辞赋，精通音律。一次，临邛富户卓王孙设宴招待他和县令王吉，酒过三巡，王吉请司马相如弹琴。当时卓王孙之女卓文君刚死了丈夫，住在娘家，司马相如就弹起了《凤求凰》，用以倾诉对卓文君的爱慕之情。卓文君一听倾心，当晚就与司马相如跑至成都。

灭明毁璧，庞蕴投金 澹台灭明，是孔子的弟子。传说他曾携带一块价值千金的宝璧渡河，河神想得到这块宝璧，就派两条蛟挟住他所乘之船。澹台灭明说："我的宝璧可以义求，不可以威劫。"说完提剑斩蛟，蛟死后他三次投璧于河，宝璧都跳了回来，澹台灭明于是毁璧而去。唐庞蕴，将家财全部载于铁船中，然后沉入海底，全家都去修行。临终时，他对人说："但愿空诸所有，慎勿实诸所无。"

左思三赋，程颐四箴　晋左思构思十年，写成《三都赋》，皇甫谧看后，颇为赞赏就为它作序。于是大家争相传抄，洛阳一时为之纸贵。宋程颐对儒家经典有很多阐述和发挥。他曾依孔子"非礼勿视，非礼勿听，非礼勿言，非礼勿动"这几句话，作视、听、言、动四箴来警戒自己。

十三　覃

陶母截发，姜后脱簪　晋陶侃之母湛氏为陶丹小妾，陶丹早死，陶侃与母亲相依为命，生活贫困。一日范逵来访，湛氏铡碎床上的草垫喂范逵的马，又悄悄剪下头发换来酒菜。范逵知道后，感叹道："有其母必有其子。"于是举荐陶侃为孝廉。周宣王一次晚起，耽误了早朝，皇后姜氏就除去簪珥等首饰，派人传话给周宣王说："妾无才能，使君王沉溺酒色而忘记德行，失礼晚起，请求君王降罪。"周宣王听后说："寡人没有才德，这是我自己的过错，与夫人无关。"从此勤于政事。

达摩面壁，弥勒同龛　达摩大师，天竺人，南朝梁时来到中国。后渡过长江至北魏，入嵩山少林寺，面壁而坐九年，传佛法于慧可，圆寂后葬于熊耳山。"与弥勒同龛"指高僧修行。《淳化阁帖》中唐褚遂良的作品中有这样的话："法师道体安居，深以为慰耳。复闻久弃尘滓，与弥勒同龛，一食清斋，六时禅诵，得果已来，将无退转也。"

龙逄极谏，王衍清谈　夏朝贤臣关龙逄，因夏桀无道，冒死进谏说："国君应该爱民惜财，现在大王用财唯恐不穷，杀人唯恐不尽，已失民心，天命已经不祐，何不稍稍改正一下？"夏桀说："我有天下，就像天有太阳，太阳灭亡，我也灭亡。"于是杀了关龙逄。晋王衍，常自比子贡，擅长清谈，终日谈论老庄义理，所有老庄义理，随时更改，为自己所用，当时号称“口中雌黄”。后为石勒所杀。

青威漠北，彬下江南 汉武帝时卫青为大将军，屡破匈奴，威镇漠北。五代曹彬，归附宋朝后，随宋太祖讨伐江南，率军攻破金陵，收降南唐后主李煜。

遐福郭令，上寿童参 唐代名将郭子仪因平定安史之乱，大败吐蕃军，后官至太尉、中书令，封汾阳郡王，人称郭令公。他活了九十多岁，子婿均为朝廷显贵。孙辈数十人，郭子仪自己都认不清楚。宋童参，生性淳朴，隐居躬耕。一百零三岁时宋仁宗下旨为他祝寿，并授官承务郎。第二年去世。

郗愔启箧，殷羡投函 晋郗愔的儿子郗超曾为桓温的参军。郗超临终时，把一个箱子交给他的门生，说：“我死后我父亲如果很哀痛，将此箱交给他。”郗超死后，郗愔果然哀伤成疾，郗超的门生就将箱子给了他。郗愔打开一看，发现里面全是郗超和桓温阴谋篡权密谋废立的来往信件，不觉大怒道：“小子死得太晚了！”于是不再哀痛。晋殷羡，字洪乔，为豫章太守。一次回家，很多人托他带信。殷羡走到石头城下，将所有书信抛入江中，说：“沉者自沉，浮者自浮，我殷洪乔不能为人做送信的邮差。”

禹偁敏赡，鲁直沉酣 北宋王禹偁九岁就能写文章。一次正碰上毕士安让学生做对联，上联是：“鹦鹉能言争似凤。”王禹偁在旁应声答道：“蜘蛛虽巧不如蚕。”毕士安赞叹道：“这个小孩日后定会闻名于世。”王禹偁后来果然中了进士。宋黄庭坚，字鲁直，贯通经史，曾对人说：“士大夫三日不读书，则义礼不交于胸中，对镜觉面目可憎，向人则语言无味。”

师徒布算，姑妇手谈 唐高僧一行法师远行求法，来到天台国清寺，听到寺院内僧人正在排列算筹，有个老和尚对徒弟说：“今日将有弟子远来求我算法，现在应该已经来到寺门前了。”接着又拿起一个算筹说："门前流水向西回流，这位弟子也就到了。"一行法师快步走了进去，向老和尚磕头求法，门前流水果然向西回流。唐王积薪随唐玄宗入蜀，晚借宿人家，这户人家只有婆媳两人。晚上，王积薪听到隔壁婆婆对媳妇说："这么好的晚上却无事可做，和你手谈（下围棋）如何？"过了一会儿又听婆婆说："你已经输了，我只胜了九枰。"第二天，王积薪向老婆婆讨教下棋之道，从此棋艺大进。

十四　盐

风仪李揆，骨相吕岩　唐李揆，相貌英俊，风度翩翩，文章儒雅。唐肃宗称赞他说："卿门第、人物、文章当世第一，实乃朝廷羽仪。"唐吕岩，字洞宾，他还在襁褓中时，马祖见了就说："这孩子骨相不凡，他日遇庐则居，见钟则叩，切记此话。"后吕岩果在庐山遇见钟离真人，得授仙术，为八仙之一。

魏牟尺縰，裴度千缣　战国时魏牟，与赵王谈论治国之道。魏牟说："大王如果真能把国家像两尺之縰那样看重，那么国家就会大治了。"赵王说："国家至为重要，你怎么把它比为两尺之縰呢？"魏牟反问道："大王做帽子不找亲近之人而要用好工匠，不是怕材料被弄坏而制不成帽子吗？现在大王治理国家却不访求贤臣，而任用亲近之人，这不是把国家看得比两尺之縰还要轻吗？"赵王哑口无言。唐皇甫湜曾在裴度的幕府任职。裴度修建福先寺，皇甫湜题写碑文。裴度便送许多车马彩缎作为报酬，不料皇甫湜大怒："自从我写《顾况集序》以来，再也没有答应给人写文章。现在我写的这篇碑文是三千字，一个字应该值三匹缣，为何给我这么少呢？"

孺子磨镜，麟士织帘　东汉徐稚，曾为黄琼的学生。黄琼去世，徐孺子前往参加葬礼，由于家境贫寒，一路上为人磨镜换钱用于葬礼。南朝沈麟士自幼勤奋好学，因家境贫寒，常边织帘边读书，一心两用，乡里称他为织帘先生。后隐居山中。

华歆逃难，叔子避嫌 汉末华歆与王朗一次乘船避难，沿途有一男子想搭船，华歆面有难色，王朗说："船还较空，为何不让他上船呢？"于是男子上了船。不久乱兵追到了，王朗想抛弃那个男子，华歆说："我刚才就是担心乱兵追来。但现在他已经上船，怎么能因情况紧急而抛弃他呢？"于是仍将男子留在船上。春秋时鲁国人颜叔子独居一室。一天晚上，一女子因房屋倒塌前来投宿，颜叔子为避嫌疑让她手执蜡烛直到天亮。时人称他为"鲁男子"。

盗知李涉，虏惧仲淹 唐李涉，一次路遇强盗向他求诗，便做了一首七言绝句道："风雨潇潇江上村，绿林豪客夜知闻。相逢不用相回避，世上而今半是君。"强盗大喜一笑而去。宋范仲淹镇守延安时，西夏人相互警告："小范老子胸中有数万甲兵，不比大范老子容易欺侮。"时有民谣道："军中有一韩，西贼闻之心胆寒；军中有一范，西贼闻之惊破胆。"

尾生岂信，仲子非廉 传说战国时鲁国人尾生和一女子相约在桥下见面，女子迟迟未到，此时洪水来了，尾生坚守信约，于是抱着桥柱等待，后被上涨的河水淹死。战国时齐国人陈仲子，住在於陵，号於陵仲子。楚王欲拜他为相，他携家逃走，隐姓埋名。一次，赵威后对齐国使者说："於陵仲子上不臣服于国君，下不治理家庭，中不和诸侯打交道。这样无用的人，为何还让他活着？"桓温认为於陵仲子过分苛刻，算不上廉士。

由餐藜藿，鬲贩鱼盐 孔子的学生仲由，年少时家境贫困，常吃藜藿充饥，而从百里之外背回粮食供养双亲。双亲逝后，他游于楚国，养尊处优，但常常感叹："想再吃吃藜藿，为双亲背背米，都是不可能的了。双亲之一生，忽忽如白驹过隙。"胶鬲因商纣王无道而辞，以贩卖鱼盐为生。周文王在市井商贩中发现了他，拜为大臣。

五湖范蠡，三径陶潜　春秋时范蠡辅佐越王勾践灭了吴国。因觉得越王勾践只可共患难，不可同安乐，于是携西施泛舟五湖，隐姓埋名，自号鸱夷子皮。汉蒋诩归隐后，闭门不出。只在房前竹林中开辟三条小径，和老朋友求仲、羊仲交游。晋陶渊明十分仰慕蒋诩，在他写的《归去来兮辞》中就有"三径就荒"之语。

易操守剑，归罪遗缣　东汉王烈，德高望重，受人尊敬。乡里有一人偷牛被抓，愿接受惩罚但乞求不要告诉王烈。王烈知此人生活贫困，就送布一匹。后此人在路上拾得一把剑，就站在路边等候失主，归还了剑。东汉陈寔为人正直，待人和善。一次夜读时，发现屋梁上有个盗贼，于是不动声色地对儿子说："不善之人并非生来就恶，只是长期的习惯养成了性格，于是就变成恶了。梁上的君子就是这样的人。"盗贼听后慌忙跳下地来向陈寔磕头谢罪。陈寔说："你大概是因为家境贫困才这样做吧。"于是就送给他缣二匹。

十五　咸

深情子野，神识阮咸　晋桓伊，小字子野，精通音律，每当听到清美的歌声，就大呼"奈何"。谢安听了说："子野可谓一往有深情。"晋阮咸精通音律。每次宴会时，荀勖命人弹奏自己所制的乐器时，阮咸总说音调不准，荀勖气愤，贬他为始平太守。后荀勖得一周朝时的玉尺，用来校正自己所制的乐器，发现都短了一黍，从此很佩服阮咸的高超见识。

公孙白纻，司马青衫　春秋时公孙侨，字子产，为郑国大夫。吴国季札出使各国，在郑国与子产一见如故，赠以缟带，子产回赠他纻衣。唐白居易任江州司马时，夜间在浦口，听到以前的长安歌妓的琵琶声十分优美，便为她做了一首《琵琶行》，诗的最后两句说："座中泣下谁最多？江州司马青衫湿。”

狄梁被谮，杨亿蒙谗 唐武则天曾对狄仁杰说：“你在汝南时，有人诬陷你，你想知道吗？”狄仁杰说：“陛下如果认为我有错，我就应改正；如果认为我没有错，那是我的幸运。诬陷我的人，我不想知道。”宋杨亿为当权者所嫉恨，不断地遭到弹劾，于是向皇帝上谢罪表道：“已落沟壑，犹下石而未休；方困蒺藜，尚弯弓而不已。”

布重一诺，金慎三缄 汉季布任河东太守时，曾说曹邱生的坏话。曹邱生知道后对季布说：“楚人有句谚语‘得黄金百斤，不如得季布一诺。’先生有这么好的名声是我四方游说而得，先生到底因何这样憎恨我呢？”季布听后很高兴，赠送他很多东西。孔子一次在后稷庙见一铜人的嘴上贴着三重封条，背上刻有铭文“古之人慎言：无多言，多言多败；无多事，多事多患。安乐必戒，无所行悔。”

彦升非少，仲举不凡 南朝时梁人任昉，字彦升，从小擅长写文章。与沈约齐名，当时有“任笔沈诗”之称。褚彦回曾对任昉的父亲说：“你有这么好的儿子，我很为你高兴。所谓百不为多，一不为少。”东汉陈蕃，从小聪明过人。十五岁时，见到薛勤，深为薛勤喜爱。一次薛勤登门看望陈蕃。见庭院很是杂乱，就问陈蕃：“小孩子为何不打扫一下庭院以招待客人呢！”陈蕃回答说：“大丈夫应该扫除天下，怎么能只打扫一家一室呢！”薛勤听后更觉惊异，与他谈论了一整天。

古人万亿，不尽兹函 古人的事迹和故事非常之多，不是这本书所能包括得了的，学问无穷，人应当博览群书，也不仅仅是光看这本书就够了的。

龙文鞭影二集

上卷

一 东

篇承古度，集续汉冲 本书是《龙文鞭影》的续集。《龙文鞭影》是萧汉冲编撰，杨古度增订的。

搜罗子史，诱掖儿童 本书搜罗诸子百家著作和史书中的典故，用以使初学儿童掌握一定的文史知识。

谅辅祷雨，陈茂呵风 东汉谅辅为五官掾时，一年大旱，谅辅站在庭院中慷慨激昂道："我谅辅虽为朝廷重臣，但不能纳忠荐贤，调和阴阳，致使天地间闭塞不通，天下大旱，万物焦枯，责任全在我谅辅。今天我虔诚地祈求上苍降雨，如果到日中还不下雨，那么我只好以身殉职了。"说完堆积柴草准备自焚。不到日中，大雨便降。汉陈茂随刺史周敞渡海，狂风大作，眼看船快要翻了，陈茂拔剑怒骂水神，不久便风平浪静。

怀橘陆绩，辨李王戎 三国陆绩六岁在九江拜见袁术时，偷偷地在怀中藏了三个袁术请他吃的橘子，不料被袁术发现。袁术笑说："陆郎做我宾客，怀中竟藏橘子吗？"陆绩跪着回答："我想带回去给母亲吃。"晋王戎七岁和一帮小孩子玩耍时，见路边一李树上果实累累，小孩子们一哄而上，唯独王戎一动不动。问何故，王戎答道："这棵树在路旁而果子繁多，一定是苦李。”一尝果然如此。

管辂画地，殷浩书空　三国管辂八岁时就喜欢在晚上观察星辰运行。管辂说：“我虽然年纪小，但喜欢观察天文。家鸡野鹤尚知时节，更何况人呢？”他和别的小孩玩耍时，就常在地上画日月星辰运行图。晋殷浩曾因兵败被废为庶人。但他口无怨言，神态安详，只是每天用手指在空中写“咄咄怪事”四字。后来桓温打算起用他，写信给他。殷浩十分高兴，回信时唯恐意思表达得不准确，写完后开闭信封数十次，最后寄到桓温手里的竟是一封空函。桓温大怒，殷浩从此再也未被起用，最后郁郁而死。

汉王颁露，魏帝逼虹　汉东方朔游览了吉云之地后，对汉武帝说：“那个地方用云来占卜吉凶苦乐。如果吉祥，就满室云起，五彩缤纷，草木也会变成五色，露珠的味道也会很甘甜。”汉武帝于是叫东方朔取此露，取来后，把它分赐给了大臣们。吃到原精露的大臣们衰老的变得年轻了，有疾病的人也痊愈了。后魏时，一樵夫见到首阳山中有条晚虹，变成了一个女子，樵夫于是告诉了浦津的守将，守将把她扣押起来审问。后来，魏明帝召她入宫，她说：“我是天帝的女儿。”魏明帝命人把她抱起来，不料忽然听到一阵钟磬敲打的声音，那女子又变成彩虹飞上了天。

啗饼刘晏，抵肉李充　唐刘晏经常在五更时分入朝。入朝前他总要派人买饼，然后边走边吃，还常对同僚说：“真是美不可言。”汉李充，节操高洁，大将军邓骘很敬重他。一次，邓骘宴请李充，宾客满堂，邓骘向李充下跪，请求他推荐贤人。然而李充所说之人都不合邓骘的本意。邓骘想打断李充的谈话，于是就夹起一块肉请李充吃。不料李充将肉扔在地上，说道：“难道有识之士会被一块肉堵住口吗？”说完拂袖离去。

饬儿还椹，促侄贩葱　隋赵轨，生活清苦，但品行很好。一天，邻居家有许多桑椹落到了他家的院子中，便叫儿子全部捡起来还给邻居。他对儿子说：“我并非以此求名，但不是自家的东西就不能白拿，你们要牢记这句话，以此为戒。”南朝梁吕僧珍的侄子吕宏，以贩葱为业。一次吕宏找吕僧珍求官，吕僧珍却对他说：“我受国家重恩，无以报效。人不应有非分之想，你还是趁早回去贩葱吧！”

张湛诈善，机汜学恭 东汉张湛为人严肃，有人说他是假装的，张湛听后笑说：“我的确是假装。但别人都假装为恶，只有我假装为善，这样不也很好吗？”鲁国人机汜虽年已七十，但待人接物却越来越恭敬了。鲁国国君一次对他说：“老先生您年纪很大了，是否可以不这样恭敬了？”机汜答道：“君子喜好恭敬，以成就自己名声；小人学习恭敬，则可以免除刑罚。我虽年已七十，但还是常常担心受到刑罚，怎么敢不恭敬呢？”

秀才胆大，府尹声雄 元世祖忽必烈为亲王时曾召见赵璧，直呼秀才而不叫名字。宪宗即位后问赵璧：“天下如何才能治理好？”赵璧答道：“希望皇上先把亲近的侍臣中特别奸恶的人除去。”宪宗很不高兴。退朝后，忽必烈对赵璧说：“秀才你真是浑身是胆！刚才连我也为你捏着两把汗呢！”明朝陈谔，曾为顺天府尹，处理事务刚毅果断，弹劾不避权贵。每次上朝奏事，声音洪亮，皇帝经常称他为“大声秀才”。

女遗螺壳，生寄鹅笼 谢端十七岁还未娶妻。一天他在海中捞到一颗大海螺，藏于瓶中。从此他每次回家，总是饭菜满桌。于是一天他躲在帘外窥视，见一位少女从瓶中出来做饭，便进屋问她是何人。少女答道：“我是天河中的白水女。天帝怜你孤苦贫穷，赞赏你恭敬孝顺，命我下来为你守屋至你娶妻。现在你无故窥视，我不能再留了，这个螺壳留给你藏米，你就不愁吃不饱了。”说完风雨大作，少女不见。许彦相路遇一书生因脚痛，请求在他的鹅笼里休息一下，许彦相笑着答应了，书生便进了鹅笼，但许彦相并不觉得鹅笼加重。走到一棵树下，书生出了鹅笼，口吐一个铜盘，盘中佳肴齐备，还有美酒数杯。接着,又吐出一个美女和一个美男。傍晚时两人分别,书生又将美男美女吞回了肚子里。

从难王达,捽恶杨忠 宋屯田郎中李昙因某事受牵连,被流放岭南。仆人们都不愿追随他受苦,只有一个叫王达的仆人慷慨地说:“他是我们的主人,我们怎能不送送他呢?”李昙上吊自杀,身边无一亲人。王达出钱为李昙办丧事,朝夕在李昙灵前哭泣,旁人见了均为之黯然落泪。宋戴献可家财万贯,富甲一方。他死时,儿子戴伯简年纪尚小,不通世故,整天与同村恶少混在一起。仆人杨忠多次哭谏,但戴伯简不听。一天,戴伯简又和那帮恶少会饮聚赌,杨忠拔刀上前,揪住为首之人,骂道:“我侍奉主人三十余年,你们诱惑我家小主人做坏事,挥霍家产,如果想荡尽戴家的财产,我就剁下你的人头,然后告官自首。”从此,再也无人来诱惑戴伯简了。

杨嘲四畏,刘慨三同 宋朝廷一品大员王钦若的夫人凶狠泼辣,且好吃醋。王钦若在宅后造了个厅堂,堂名为三畏。一次杨亿和他开玩笑说堂名可改作四畏堂。王钦若不明缘由,杨亿说:“就是再加上畏夫人。”南朝刘峻曾写过一篇序文说:“我自比冯敬通,我和他有三同,冯敬通雄才冠世,我虽不及他,但节操坚贞,行事慷慨,此一同;冯敬通逢中兴明君,但最终未被重用,我也遭逢盛世英主,但也同样被摒弃不用,此二同;冯敬通因家中有个很凶的妻子,不得不亲自操持家务,我也有个凶悍泼辣的老婆,所以家道也很坎坷,此三同。”

试子夷简,弹婿敏中 宋吕夷简三度任相,生有四子:公弼、公著、公奭、公孺,均十分聪明。一次,吕夷简对夫人说:“我们的儿子日后都能做大官,但不知谁能做宰相,我想考验一下。”于是一天,夫人命一小丫环故意在四个儿子面前跌倒,摔碎一宝器,结果三个儿子大惊失色,只有吕公著面不改色,凝然不动。吕夷简对夫人说:“这个儿子以后定能做宰相。”后果然如此。宋向敏中的女婿皇甫泌,年少轻狂，生活放荡，向敏中很是担忧。一天向敏中打算向宋真宗说一下皇甫泌的事，凑巧宋真宗身体不适，急于离去。向敏中急忙近前奏道："臣有女婿皇甫泌……"刚说到这，宋真宗连声道："很好，很好，我知道了。"说完，就走入内廷去了。不久，宋真宗传旨中书省，破格提升皇甫泌。

传《诗》辕固，通《易》吕蒙 汉辕固，齐地人，以研究《诗经》闻名。汉景帝时曾任博士，为《诗经》作传，并传授给夏侯始昌，夏侯始昌又授予后苍，后苍授予翼奉、匡衡，匡衡又授予师丹、伏理。三国时孙吴将领吕蒙，听从孙权劝告，博览群书，潜心研究《周易》。一次，他在宴会上喝醉，睡了过去，在梦中背诵了《周易》一部。过了一会，他忽然惊起，并说："刚才我梦见周公、孔子、文王和我谈论朝代兴亡的事情和日月运行的规律，都十分精妙。"大家听后都说："吕蒙呓语通《周易》。"

王烹云母，柳遇雨工 明王敕，小时曾练道术，后来任某省学政。一天，他召集学生讲经，忽见一片白云从前方山顶升起，于是急忙派人快马跑去，在白云落处挖掘，掘出了很多晶莹洁白的白石，王敕叫厨师把白石切成细片，放在锅里煮烂，分给学生们吃，味道甘甜可口。学生们问王敕为何物，王敕答道："此乃云母。"唐柳毅，曾遇一牧羊女，自称是洞庭龙君的小女儿。柳毅问她："牧羊有何用？"女子答道："这不是羊，是雨工。"柳毅又问："何为雨工？"女子说："所谓雨工就是雷霆一类的东西。"柳毅再仔细一看，只见这些羊昂首阔步，吃草饮水的姿势都十分奇特，而毛与角却和普通的羊一般无二。

二　冬

爱信乐正，诲让德容 春秋时，齐国发现鲁国所给的宝鼎是假的，说："叫你们的乐正子春来，他说是真品，我们就相信。"鲁国国君将此事告诉了乐正子春，乐正子春说："你为何不给真的呢？"鲁国国君说："我实在很喜欢这个宝鼎。"乐正子春说："可我也很珍惜我的名声和信用啊！"唐代朱仁轨，字德容。他常教诲子弟："终身给人让路，不要在乎小小的百步；终身向人退让田界，不要在乎小小的一段。"

扣镮道辅，备棕刚峰 孔道辅，宋仁宗时任权御史中丞。一次，孔道辅率范仲淹等人在垂拱殿外进谏，阻止宋仁宗废郭皇后。但殿门紧闭，孔道辅着急，上前使劲敲殿门上的门环，并大呼："皇上为何不听台臣之言！"宋仁宗只好命吕夷简向孔道辅等宣示郭皇后应当被废的理由，结果吕夷简被孔道辅问得哑口无言。明海瑞，生性耿介。曾上疏批评明世宗妄求长生，不理朝政，致使纲纪废弛，伦常被毁。激怒了明世宗，命令左右："快把此人抓起来，不要让他逃掉了！"太监黄锦对明世宗说："我听说此人上疏时，已经与家做了诀别，并已买好一副棺材，他是不会逃走的。"明世宗听后怒气稍消，下令把海瑞关进了牢里。

惔屈孙盛，云折充宗 晋刘惔，字真长，从小丧父，生活贫困，以织草鞋奉养母亲。当时孙盛精通《周易》义理，无人可比。简文帝说："只有刘真长才能压倒他。"于是派人把刘惔接来。刘惔一到，就把孙盛问得理屈词穷，四座皆服。汉朱云曾任国子监博士。当时少府五鹿充宗深受汉元帝宠幸，汉元帝曾命他和各派易学家谈论易理，五鹿充宗仗着皇帝的宠幸，纵横谈论，无人敢和他对抗。汉元帝于是召朱云入朝与五鹿充宗一争高低。朱云昂首谈论，声音洪亮，惊动四座，最后将五鹿充宗问得哑口无言。所以当时儒生中流传着这样一句话："五鹿岳岳，朱云折其角。"

直言高适，善辩张松 唐高适，曾任谏议大夫，他为人敢于直言，权贵们都很害怕他。后被排挤出京城，做了蜀州刺史。三国张松，为人机敏，口才极佳。杨修非常器重他。张松看一遍曹操的兵书就能一字不漏的背诵下来。

投河丐子，触石菜佣 清军渡江，南明弘光帝出逃，文武百官也四处逃散。百川桥下一乞丐在桥柱上题诗道："三百年来养士朝，如何文武尽皆逃？纲常留在卑田院，乞丐羞存命一条。"写完后投秦淮河而死。明末汤文琼为人做菜田佣工，无以报国。后来他见崇祯帝的灵车经过，痛哭失声，触石而死。

梁媛高行，阮女乏容 古时梁地有个寡妇，相貌美丽，行为高洁。梁王听说她很美貌，就派使者向她求婚。寡妇持刀割掉了自己的鼻子，对使者说："我已是个残废的人了，你们可以放过我了吧！"梁王闻报后，十分敬重她。晋许允的妻子是阮卫尉的女儿，奇丑无比。许允举行婚礼时，见到妻子的容貌，大失所望，便对妻子说："女人应当有四种德行，你有几种？"他妻子说："新娘缺乏的只有容貌而已。君子应当有百种德行，你有几种？"许允说："我什么都具备。"他妻子说："品行以德为首，你好色而不好德，怎能说什么都具备

呢？”许允听了面有惭色，从此夫妻相互敬重。

对水蠢吏，献日憨农　宋庆历年间，河北发生了大水灾，宋仁宗十分忧虑。恰好有个河北地方官员上殿报告灾情，宋仁宗问他：“水势如何了？”那个官员说：“大水把山都围住了，快要冲上山顶了。”又问：“老百姓怎么样了？”官员回答说：“好像死了父母一般。”宋仁宗觉得可笑，于是下诏说：“今后文武百官上殿奏事，都须直说，不得掩饰。”宋国有个农夫在野外晒太阳，觉得温暖舒适，就对妻子说：“把我背上太阳的温暖献给国君，一定会受到重赏。”同村富人听见，就对农夫说：“从前有个人喜欢吃茎萍子，他在乡里的富豪面前夸赞茎萍子的美味可口，富豪拿来一尝，结果刺痛了嘴，吃坏了肚子，于是很怨恨那个人。现在你这样做，就和那个人一样。”

师旷駮马，张华痴龙　春秋时，晋平公一次外出，见一只小老虎伏地不动，就对师旷说：“我听说一旦天下霸主出现，猛兽就会伏地不敢起来；今天我一出现，小老虎就伏地不动了。”师旷说：“駮吃老虎。駮的形状像毛色青白相杂的駮马。今天你车前两侧的是两匹駮马，这只小老虎恐怕是惧怕这两匹駮马吧！”洛水下游有个田洞，有个妇人想杀丈夫，所以故意将丈夫推落到这个洞里。那个被推落的人在洞底找到一个洞穴，顺着洞穴走了几十里，见许多楼台殿阁和身长三丈有余、身披羽衣之人。他走到第九处地方对路边的一个高个子说肚子饿了。高个子于是叫柏树下的一只羊跪下，捋了三下羊须，捋出了三颗珍珠，叫他吃下。他吃后就不觉饥饿了。不久，他找到了出口，回到了洛阳。晋张华听说此事后，说：“第九处的地仙乃九馆大夫。羊是一条痴龙。第一颗从羊须中捋出的珍珠吃了可与天地同寿，第二颗吃了则可延年益寿，最后一颗吃了只能填饱肚子而已。”

三　江

浩然遭放，药崧避撞　唐诗人孟浩然和王维十分要好。一天，孟浩然在王维家时，恰巧唐玄宗来到，于是躲入床下，不料被唐玄宗发觉，便叫孟浩然出来朗诵诗句。当孟浩然朗诵到“不才明主弃，多病故人疏”时，唐玄宗极不高兴，对孟浩然说：“你没来向我要官做，我也没抛弃你，你为何如此怨恨我呢？”于是放归孟浩然，永不叙用。汉明帝生性偏激，爱听一面之词，经常痛骂公卿大臣。一次，他因事对郎官药崧大发脾气，并用手杖打药崧。药崧躲入床下，汉明帝更加愤怒了，叫道：“快快出来！”药崧在床下说：“天子应表情肃穆，诸侯应气度高雅，我从未听过国君亲自动手打郎官的。”汉明帝只好饶恕了他。

不忠徐勣，亏孝刘邦　唐高宗打算立武则天为后，但是一帮老臣都不同意。徐勣认为立后乃皇帝的家事，无须问外人。还有一次，唐高宗对大臣们说：“我虚心求谏，但总没有人向我进谏，这是何故？”徐勣答道：“这是因为陛下所做的事情已经尽善尽美了。”徐勣之善于奉承拍马，由此可见一斑。楚汉相争时，刘邦之父刘太公被楚军抓获，项羽将太公放于阵前一块高高的砧板上，对刘邦说：“今天你若不投降，我就把太公烹来吃了。”不料刘邦若无其事地说：“我和你结为兄弟，我的父亲就是你的父亲；你如果一定要烹你的父亲的话，希望能分我一杯肉羹吃。”项羽大怒，想杀了太公，项伯阻止他说：“打天下的人是不会顾及父子之情的。”刘邦即位六年后，才尊其父为太上皇帝，可见本性凉薄。

苏颋吹灶，无垢倚窗　唐苏颋小时不得父亲疼爱，和仆夫杂处，常在马棚的灶中吹旺火用来照明读书。后来做了宰相。宋张无垢被贬到横浦，寄寓城西宝界寺。他的卧室有一个很小的窗户，每天天刚亮，他就拿起书，就着窗户照进来的亮光读书。

疏氏改束，严姓冒庞　西汉太傅疏广的后代为躲避战乱，改用“疎”的偏旁“束”为姓。后世的西晋束皙就是疏广的后代。唐庞严进士及第，但是登科榜上将“庞严”误为“严庞”。于是一严姓举子冒认为他的族侄，然而当他谈及家中族人时，庞严都不认识。庞严奇怪，于是问举子贵姓，举子答道：“叔叔姓严，侄儿当然也姓严。”庞严听后大笑道：“您搞错了，我姓庞，您为什么要攀我做您的族叔呢？”举子听后羞愧万分。

四　支

友谅献麦，孝标进芝　五代后梁宋州节度使朱友谅向朝廷进献一茎三穗的瑞麦，梁太祖说：“五谷丰收是最好的祥瑞。今年宋州发生大水灾，要这样的祥瑞有何用处！”于是下旨将此地县令革职，不久，又命惠王朱友能代替了朱友谅的职务。宋茹孝标，向朝廷进献一株灵芝草，宋仁宗说：“我把丰收作为最好的祥瑞，把贤臣作为最好的珍宝，奇花异草有何可称赞的！”后来，宋仁宗下旨命各地以后不要再进献什么祥瑞了。

蒙正非执，伯鱼有私　宋吕蒙正曾任职于中书省，一次，宋太宗想派人出使朔方，吕蒙正把使者候选人的名单报给了宋太宗，宋太宗没有同意。但吕蒙正始终坚持原先的人选，宋太宗大怒道：“你为何如此固执？”吕蒙正答道：“我并不固执，只是陛下不能体谅我的良苦用心罢了。”宋太宗只好依他，这些人果然很称职。宋太宗感叹道：“吕蒙正有器量，我不如他。”汉第五伦，字伯鱼，有人问他：“你有私心吗？”他回答说：“有人送我千里马，我拒绝了；每次三公举荐人才，我都很想得到举荐；我侄子生病，我一个晚上去看望十次，就可安心睡觉了；然而我自己的儿子生病，我心中极为挂念，以致整夜未眠。有这些事，如何说我没有私心呢？”

将军禳鬼，都护怖儿 南朝宋檀道济，曾率军与北魏打仗三十多次，夺得大片土地，威名大震。北魏人十分怕他，便想用祭神除鬼的方法把他除去，但没能成功。刘锜，宋高宗初年为陇右都护，多次击败西夏人，威名大盛。当时西夏的小孩若啼哭不止，大人说“刘都护来了”，小孩就会立刻停止啼哭。

贵妃剪发，莹娘修眉 唐杨贵妃因触怒唐玄宗，两次被遣送回家。不久唐玄宗后悔了，于是派人给杨贵妃送去御膳。杨贵妃对着使者哭道：“金银宝器都是陛下所赐，只有头发才是父母给予的。”于是剪下一缕青丝献给唐玄宗。唐玄宗收到青丝后立即召她回宫，从此更加宠爱。平康坊的妓女莹娘，貌美如花，擅长画眉，可每天更换一个式样。有个叫唐斯立的人戏弄她说：“西蜀有一幅《十眉图》，你如此爱好画眉，可作一幅《百眉图》了。如果我可多活几年，我将和朋友修撰一部《眉史》。”

普惜国法，通定朝仪 宋郑州团练使侯莫陈利用，因变幻之术得宠于皇帝，骄纵放肆，不守法律。宰相赵普定他十条罪状，把他发配商州，又请求皇帝把他处死。皇帝说：“难道堂堂一国之君不能保护一个人吗？”赵普说：“陛下如果不把他处死，那么法律将会大乱。”皇帝不得已只好下令将侯莫陈利用处死。汉高祖统一天下之后，群臣常喝酒争功，大呼小叫，拔剑击刺屋柱，汉高祖十分担忧。叔孙通对他说：“儒生，虽不能和他们一起进取，但可和他们一起守成。我愿为陛下召集鲁地儒生和我的弟子们，一起来制定朝廷礼仪。”汉高祖同意。一个月后长乐宫建成，汉高祖设宴招待群臣。儒生们侍立于大殿两侧，然后低头拜倒在地，接着又按照尊卑的顺序起来向皇帝祝酒。群臣见后，再也不敢大声喧哗违反礼仪了。汉高祖感慨地说："我今天才知道做皇帝的尊贵。"

众歌裴侠，民爱贾逵 北周裴侠任何州北郡太守时，生活节俭，爱民如子。他免除三十八个渔猎者的劳役，又将三十个为他服务的男丁雇出去，用所得的佣金来购买官马。离任之日，一无所有。当时老百姓唱道："肥鲜不食，丁庸不取，裴公贞惠，为世规矩。"汉末贾逵曾为绛邑县令，爱民如子。后郭援攻破绛邑，抓住贾逵，贾逵坚贞不屈，郭援大怒，想杀掉他。绛县父老得知后爬上城墙大呼："如果要杀我们的贤君，我们宁愿和他一起死！"郭援无奈，只好放了贾逵。

樊哙排闼，棲楚叩墀 汉高祖生病，吩咐不见大臣。十几天后，鲁阳侯樊哙忍不住推门闯进了汉高祖的卧室，大臣们也跟了进去。大家见汉高祖正头靠着一个宦官躺在床上。樊哙痛心地说："当初陛下和我们平定天下时，是何等的雄壮！现天下已定，陛下却变得如此懒惰。陛下难道没见赵高祸国殃民之事吗？"汉高祖听后只好笑着起床了。唐敬宗即位后，上朝经常迟到，右拾遗刘棲楚向他进言道："陛下继位不久，本该勤理国事，但陛下上朝经常迟到。先帝灵柩还未出殡，但歌舞之声已喧闹起来了。陛下的好名声还未彰显，坏名声却已广为传布。我担心大唐国运不会长久，请允许我碎首于玉阶之下，为谏议的长期被废向天下谢罪。"说完就以额叩墀，鲜血直流。唐敬宗提升他为起居舍人。

安石授扇，长倩馈丝 晋袁宏任东阳郡守，公卿大夫为他饯行。谢安（字安石）想试试他的才能，于是拿了一把扇子，对袁宏说："姑且送这把扇子为你饯行。"袁宏应声道："我将谨记你的教诲，发扬你的仁爱之风，抚慰广大百姓。"四座为之叫好。汉公孙宏举贤良，老友邹长倩送他素丝一襚说："五丝为緎，两緎为升，两升为緎，两緎为纪，两纪为緵为襚，这就是从少到多，从微小到显明的过程。士人立功勋，尽名节，也是一样，千万不要以事小而不为。"

王莽买婢，程松献姬 汉王莽未篡权前假装谦虚勤俭，几乎家徒四壁，因此他的虚名也被到处宣扬。一次他买了一个侍婢，送给后将军朱博并对家人说："朱博没有儿子，我听说这个婢子有宜子之相，所以为他买的。"宋宁宗时，程公很会拍宰相韩侂胄的马屁。因此很快迁升为谏议大夫，后来，他买了一个小妾送给韩侂胄，并给她起名为"松寿"。韩侂胄问他："为何给她起和你相同的名字呢？"程松回答说："我是想让您经常听到我的贱名。"韩侂胄听了很舒服。不久，程松又升为同知枢密院事。

秉三不惑，洽五无欺 汉杨秉，官至太尉。生性耿直，不会饮酒，夫人死后没有再娶。他的清廉广为人所称道。他常说："我在三个方面不受诱惑，分别为酒、色和财。"明黄洽，品行端正高洁，他曾说："居家不欺骗亲人，做官不欺骗皇帝，仰不欺骗天，俯不欺骗人，在幽冥不欺骗鬼神。有此五不欺，何必还要求福呢？"

妻唾马邈，母杖尧咨 三国李氏是蜀江油守将马邈的妻子。魏军攻蜀，马邈不做防备，反而回家和妻子拥炉饮酒。李氏问他："何故？"马邈说："蜀主听信谗言，沉溺酒色。魏兵如前来攻打，我就投降。"李氏吐了马邈一脸的口水，说："你如此对不起国家，我还有何脸面和你在一起呢？"不久，马邈投降，李氏上吊自杀。宋陈尧咨任荆南太守，期满后回家。母亲冯氏问他："你有何政绩？"陈尧咨说："荆南地处交通要道，我每天以射箭为乐，过往的客人很佩服我的技术。"冯氏说："忠孝辅国，是你父亲的遗训。你却专注于匹夫的技艺，这岂是你父亲所期望的！"说完就拿起手杖向陈尧咨打去，打落了他头上的金鱼饰物。

收帖敬德，拜剑审知 隋末一书生，家境贫寒。一次，书生爬进官库想偷钱，有一个金甲神对他说："你要钱可以，但得拿一张尉迟恭的帖子来。"书生于是找到铁匠尉迟恭，索得借钱五百贯的帖子一张贴在库房房梁上，取足五百贯钱。后尉迟恭成了唐朝开国功臣，获赐官钱一库，发现少了五百贯，而房梁上贴着当年自己写的那张帖子。唐僖宗广明年间，叛贼王绪攻陷固始，任命固始县佐王潮为军正。王潮和人一起杀了王绪，大家都拥立他为将军。王潮推让不掉，只好将剑插于地上说："谁能拜动此剑，谁就做将军。"结果王潮的弟弟王审知拜剑时，剑从地上跳了起来。王审知让王潮做了将军，自己做了副将军。

五　微

上官马瘦，卜式羊肥　汉上官桀为汉武帝所宠幸，做了未央厩令。一次汉武帝生病，病愈后发现上官桀管理的马大多都瘦了，便十分生气，对上官桀说："你想让我再见不到我的马吗？"上官桀回答道："我听说皇上圣体不安，因而日夜忧虑，心思没有放在马身上。"话刚说完，眼泪就掉了下来。汉武帝一听，更加宠幸他了。汉卜式以牧羊致富，他上书表示愿意捐助边防费用。汉武帝任他为中郎，让他在上林苑牧羊。过了一年多，卜式放牧的羊都长得特别肥壮，汉武帝很高兴。卜式说："治民就同牧羊一样，凶恶的就把他除去，不要让他害群。"汉武帝认为有理，于是拜他为缑氏令。

老媪泣乐，稚子饯韦　北齐乐预，为官期间爱民如子。去世后，一老妇听到消息，挑着一担蔬菜号啕大哭。唐韦景骏曾为肥乡令，后迁升为赵州长史。后来他路过肥乡时，那里的百姓和官吏十分惊喜，都来为韦景骏饯行，有几十个才十来岁的小孩子也在其中。韦景骏问这些孩子："我离开这里之时，你们还未出生，为何要这样客气呢？"小孩们说："我们听长辈说，县里面的学校馆舍都是您创立的，以前我们以为您是古人，不料今天却能亲眼看到您。"

道济掷帻，有功掩扉　南朝宋檀道济，曾随刘裕征战，屡立战功。后镇守寻阳。宋文帝因他是前朝重臣，几个儿子都以善战著名，对他极不放心。一次文帝病重，就把檀道济判处死刑。临刑前，檀道济扯下头巾掷在地上说：“这是在自毁你们的万里长城啊！”北魏人得此消息，非常高兴：“檀道济一死，别的人不值一怕。”武则天杀害窦妃，窦妃之母庞氏祷告神灵降祸武则天，被人告发被判斩首。侍御史徐有功知其冤枉，改判庞氏无罪。于是被告结党徇私，应处极刑。徐有功叹道：“难道只我一个会死，其他人都永远不死吗？”当晚饭后就关门睡觉了。第二天，武则天问徐有功：“你办事为何差错这么多？”徐有功答道：“办事出差错的确是做臣子的小过失，但好生则是圣人的崇高品德。”武则天听了默不作声。窦妃之母因此得救。

钧书蝇字，实卖牛衣　南齐衡阳王萧钧曾亲手用小字抄写“五经”，放于巾箱中。侍读贺价问他：“家中已有为何还要另写藏于巾箱之中呢？”萧钧说：“巾箱中有‘五经’，翻检非常方便，而且书的内容一经手写就再不会忘记。”诸王听说后，纷纷效仿。晋刘实年少时十分好学，但家境贫寒，靠卖牛衣过活，经常边编织牛衣，边背诵经书，后来学问大成。

景宗思猎，唐帝罢围　南朝梁大将曹景宗一次对亲信说：“我以前在乡里时，与伙伴们一起，骑快马，拉弓弦，在平野中逐鹿，渴了喝鹿血，饿了吃鹿肉，肚内如饮甘露，耳后呼呼生风，鼻中像喷火一般。这乐趣使人忘记死亡，不知衰老。而现在却成了贵人，以车当步，想掀开车幔看看都有人阻止，呆在车内像刚过门的新娘一样，使人没有一点生气。”唐俭，辅佐唐太宗平定天下，任天策府长史。一次，他随唐太宗射猎，从树林中冲出一群野猪。唐太宗举箭，射死四只野猪。突然，又一只野猪冲了出来，唐俭赶忙驱马去挡，不料太宗手起剑落，将野猪杀了，回头笑道：“天策长史难道没见过上将军击贼吗？这有何可怕！”唐俭道：“汉高祖以马上得天下，但不以马上治理天下。陛下凭神武平定四方，怎能在一只野兽身上逞雄心呢？”唐太宗接受了他的劝谏，停止了打猎。

六　鱼

似道斗蟀，秦桧进鱼　宋贾似道，曾两朝为相，但不理朝政，终日在私宅中与妻妾们斗蟋蟀。一次门客廖莹中见了，笑道："这难道就是丞相大人在治理军国要事吗？"宋秦桧的妻子王氏，一次入宫，听显仁太后说近来大的子鱼很少了，便说："我家里有，回去马上给太后送一百条来。"回家后告诉秦桧，秦桧怪她失言，无奈只好以青鱼充数。显仁太后见后拍掌大笑道："我说这婆娘很蠢，果然不错。"其实青鱼虽像子鱼，但比子鱼的个头大许多。

推衣思革，裹饭子舆　春秋时，思革子、成文子、叔儋子三人是好友，听说楚成王礼贤下士，便去拜见他。途中遇到暴风雨，他们衣服单薄，粮食将尽。三人叹道："与其一起死，不如把大家的衣服粮食都给一个人。"成文子、叔儋子认为思革子比他俩有才能，于是把衣服粮食都给了他。子舆与子桑是好友。一次绵绵阴雨，连下十天，子舆说："子桑大概病了。"于是裹好饭送到子桑家给他吃。

莱妻弃畚，鲍妇挽车　春秋末年，楚王亲自上门延请隐士老莱子。楚王走后，老莱子之妻对老莱子说："我听说，可以被喂以酒肉的人，随时可能受到鞭打；可以被授予官职的人，随时可能身首异处。我可不愿被人控制。"说完，扔下手中的畚而去，老莱子也跟随她隐居于别处。后汉鲍宣之妻桓少君出嫁时，嫁妆丰盛。鲍宴说："少君生于豪富之家，娇生惯养，习惯穿戴精美的服饰，而我却贫贱担当不起。"桓少君于是送回嫁妆，改穿小布衣，和鲍宣一起拉着鹿车回乡拜见婆婆，随后拿起水桶提水去了。

关澥钓鳖，李章移鱼　宋关澥才能出众但其貌不扬。一次路经南徐，见一穿红袍佩带鱼符的官员就上前作揖，问他是何人。官员戏弄他说:“太子洗马高垂鱼。”后他反问关澥,关澥说:“我的官职是皇后骑牛低钓鳖。”官员大惊道:“这是何官职?”关澥笑说:“我只不过是想和你说的对仗工整罢了。”宋姑苏人李章,一次参加邻居的酒宴。邻居为人吝啬,酒宴中上的鱼都很小,但自己的却特别大。李章对主人说:“我看古人写的‘蘇’字常不一样,它的那个‘魚’应该在左边还是右边呢?”主人说:“古人写字不拘一体,以方便为上。”李章于是将主人的鱼端了过来,对众人说:“我听从主人的指教。今天左边的鱼也应以方便为上,移到右边来。”四座哗然。

隋帝引镜,梁主焚书 隋炀帝无道,但生性聪明,自知所作所为将灭国。他曾揽镜自照,叹说:“可惜这样的好头颅,不知将来会被谁砍去!”南朝梁元帝喜欢谈论玄道。魏兵围攻京城时,他还在龙光殿谈论玄道,魏军攻入城内后,梁元帝将四十万卷书籍堆在一起焚烧,叹道:“读书万卷才有今天的下场。文武之道完了!”然后投降。

先见献可,远识太初 宋吕晦,字献可,是宰相吕端之孙。王安石刚拜相时,吕晦便说王安石不可大用。一天,吕晦将入朝弹劾王安石。司马光大惊,吕晦却说:“王安石生性偏执,他的言论虽中听,但若实行定会有弊端。如果让他做宰辅,定会祸害天下。”他执意上疏,结果被贬官邓州。宋李沆,字太初,与王旦同为宋真宗的宰相。每次上奏时,报忧不报喜。王旦曾对李沆说:“你何苦这样呢?”李沆说:“现在皇上年轻,必须用不如意之事挫挫锐气,使他不生自满之心,这样才能成为保国守成的君主。”宋真宗晚年大兴祥瑞,广建宫观,劳民伤财。那时李沆已死,王旦叹道:“李沆真是圣人啊!”

七 虞

陆家双璧,王氏三株 北魏陆晞陆恭之兄弟俩都享有盛名。洛

阳县令贾祯感叹道："我虽然老了，但能看到这一双玉璧，此生无憾！"唐王福畤有六子，均颇有文才，其中王勔、王勃、王勮三人最为著名，被杜易称为"三株树"。

何存信后，成匿固孤 汉淮阴侯韩信被杀时，有人偷偷地带他的小儿子去投奔萧何，萧何认为中原不能再呆，就把韩信的小儿子托付给了南越的赵佗。赵佗重信义，对待韩信的儿子如同亲生儿子，孩子长大后改姓韦，赵佗给他封地。后来南方姓韦的土官，就是韩信的后代。汉李固对门客王成特别好。后李固受梁冀诬陷被杀，王成带着李固才十二岁的儿子李燮来到徐州，隐姓埋名，直到梁冀被诛，他们才回到京城，这时李燮已二十多岁。

楚野辩女，鲁国义姑 辩女是春秋时楚国昭氏之妻。一次，她驾车在一条狭路上撞断了郑国一大夫的车前横杠。郑国大夫十分恼火，欲鞭打辩女。辩女说："君子不迁怒于人，也不重犯同样的过错。狭路相逢，你因不肯退让而被撞坏车子，却要责怪我，这难道不是迁怒于人吗？你不去责怪你的车夫反而来责怪我，这不是重犯同样的过错吗？《周书》上说'不侮鳏寡而畏高明'。你不责怪你的车夫而抓住我不放，这不是欺侮鳏寡吗？"郑国大夫觉得惭愧，就放过了她。齐国攻打鲁国，见一个妇女带着两个孩子往前逃。眼看齐军追近，妇人扔下一个孩子，抱起另一个孩子逃命。齐军将领追上她，问她何故。她说："扔下的是我的孩子，抱起来的是我哥哥的孩子。"齐军将领听后说："鲁国不能攻打，他们的妇人都坚持节义，更何况朝中官员呢？"于是退兵鲁国。国君听说后，厚赏那位妇人，并赐号"义姑"。

魏舒领袖，边让襜褕 晋魏舒相貌堂堂，能断大事。司马昭很器重他，曾说："魏舒堂堂，人之领袖也。"东汉边让，年少时就很有才，善于写文章，孔融曾向汉桓帝推荐道："边让做州牧确实才学不足，但是穿穿襜褕，却绰绰有余。"

袁绍横揖，孙堪缓趋 汉末袁绍因反对董卓废少帝改立陈留王，被董卓威胁道："天下之事都由我决定，你是否认为我的刀不够快？"袁绍勃然大怒道："天下的有刀之人，难道就董公你一个吗？"说完拔出佩刀，横刀向董卓作了个揖，径直走出朝堂，逃奔冀州。东汉孙堪做县吏时，一次去拜见县令，走得很慢，受到门亭长的责怪，就辞职而去。

巩申放雀，胡广饲猪　宋光禄卿巩申善于钻营，趋炎附势。每次宰相王安石生日的时候，巩申因既不善写诗，也不会诵经，就提一大笼鸟雀，来到宰相府中，当着王安石的面，开笼放鸟，并祝道："愿公活一百二十岁。"明燕王朱棣领兵攻京城时，解缙、胡广和周是修三人约定一起自杀。城破时，解缙派人去探胡广动静，回报说胡广正问家人猪有没有喂。解缙笑道："一头猪尚且舍不得，更何况于性命呢？"于是也打消了死意。只有周是修按约自杀了。

驯鸡纪渻，刻凤公输　纪渻子为国君驯养斗鸡，十天后，国君问是否驯好。纪渻子说："还没有，现在它正骄傲得很呢。"过了十天国君又问，纪渻子答道："还不行，它对外界的动静还有反应。"又过了十天，国君再次问起，纪渻子说："现在可以了，即使别的鸡叫起来，它好像也没反应，看上去像木头做的一样。我看以后没有鸡敢跟它斗了。"鲁国人公输般（即鲁班）刻凤刻到一半时，大家都嘲笑公输般的手艺拙劣。等凤刻成了翠色的凤冠如云高耸，红色的凤爪如电般闪动，锦色的身影散着霞光，五彩的翅膀如烈火般明亮。它在空中翻飞，可三日不落。

何称学海，朱号书厨　东汉何休知识渊博，著有《左氏膏肓》《公羊废疾》《穀梁墨守》等。时人称为"学海"。五代朱遵度，学识渊博，人称"朱万卷"。他为逃避契丹国的征召，带着家人和书籍，逃到楚国。楚王不重用他，他就闭门谢客，埋头读书。当时文人写文章，经常要向他请教古今之事。时人称"幕府书厨"。

秦王击缶，齐君投壶　战国时赵惠文王与秦昭王在渑池相会。

秦王让赵王鼓瑟一曲，秦国史官记道："某年某月某日，赵王为秦王鼓瑟。"蔺相如说："我听说大王精通秦地音乐，请击缶同乐。"秦王大怒，不应。蔺相如说："大王如果不击缶同乐的话，五步之内，我将与大王同归于尽！"秦王没法，只好为赵王击了一下缶。蔺相如回头叫赵国史官写下："某年某月某日，秦王为赵王击缶。"春秋时晋侯与齐侯举行宴会，席间做投壶游戏，中行穆子说："有酒如淮河水，有肉如坻，我们国君投中，便是诸侯之长。"结果晋侯投中。齐侯说："有酒如渑池水，有肉如山陵，寡人投中了，就代君而起。"结果齐侯也投中。

沥觞仁轨，覆舟尧夫 唐刘仁轨与李义府不和。刘仁轨一次运粮遇风暴，粮船沉没，李义府命人前去调查，刘仁轨毫不慌张，表示愿接受处罚。袁异式将此事上奏皇帝。刘仁轨被免官，以平民身份投军效力。后刘仁轨做大司马，袁异式为往事惶惶不安，刘仁轨就洒酒为誓道："如果我还念前仇，就有如这杯酒。"范仲淹的儿子范纯仁，字尧夫，因不满章惇所为被贬永州。其夫人每遇不如意之事，总要痛骂章惇。一次，坐船遇大风雨沉没，范纯仁一家侥幸生还，范纯仁就对夫人说："这难道也是章惇所为？"

八 齐

截耳胡女，剔目房妻 明胡广与解缙的儿女，由皇帝指腹为婚，后解缙遭陷充军边塞，胡广想悔婚，他的女儿用刀割去自己的耳朵，发誓决不改嫁。数年后，解缙一家遇赦回京，胡广之女便嫁于解家。唐房玄龄未发迹时，一次病重，就劝妻子卢氏在他死后改嫁，卢氏哭泣着走进帐中，挖下一眼，表示对他的忠贞。房玄龄病愈，对妻子卢氏终身礼遇。

三爵刘表，一篚轩輗 汉末刘表有三个酒爵，大号的叫伯雅，中号的叫仲雅，小号的叫季雅。容量分别为七升、五升、三升。明轩輗，气节高洁为官清廉，任刑部尚书。因不满太监干预朝政，便上书请退。皇帝召问说："我听说以前有个主持浙江科考的考官，回京时只一箱行李，那人可是你？"轩輗说是。皇帝于是赏他许多财物，准许他告老回乡。

起宗削柳，文正断齑　元秦起宗出生于军队中，想学写字，却无纸，他父亲便削柳枝作为书简，在上面教他写字，等他学会，便削去一层再写。宋代范仲淹在寺院中读书时，每日煮二升粟米为粥，然后加些碎腌菜下饭。他曾作过一篇《齑赋》，其中有警句道："陶家瓮中腌成碧绿青黄，措大口中嚼出宫商角徵。"

夸父追日，文子击霓　《山海经》载：夸父追逐太阳，还未追到，便在半路渴死了。周人崔文子随王子侨学仙道。王子侨化为白霓，给他仙药，崔文子十分惊讶，便用戈击刺白霓，仙药因此失落。

悲感徐广，叹叱薛奎　晋末宋王刘裕篡夺天下拜天登基，秘书监徐广痛哭流涕。侍中谢晦对他说："徐公恐怕悲伤过头了吧！"徐广说："你为宋朝佐命大臣，我乃晋朝的遗老旧臣，你我之间的悲欢之事本就不同。"宋薛奎曾为参知政事，性格刚直，遇事敢言。有时皇帝未采纳他的意见，回家后总要叹息叱骂，并对家人说："我前对不起古人，后又愧对后人。"

九　佳

翳丑王莽，用短李楷　汉末王莽统治的时候，有人问一待诏王莽长相如何，待诏说："王莽眼睛似鸡嘴巴，声音如狼，所以他能吃人，也将被他人吞食。"王莽听说后杀了待诏，后来王莽用屏风遮在面前，不是亲近之人很难见到他的真容。北魏李楷，因为大脖子而总仰着头，因为跛脚而总是慢行，因为口吃总缓缓地说话。人们都说李楷很善于利用他的短处。

钱镠铁券，袁珙金牌 唐昭宗曾赐吴越王钱镠铁券。这块铁券的形状似瓦片，高一尺多，宽二尺多，券上题词用黄金镶嵌，铁券一角有斧头砍过的痕迹。明袁珙，精通相术。曾遇燕王朱棣，拜倒在地说："您是将来的太平天子。"朱棣登基后想封他为官，袁珙却说："我福分浅薄，不堪做官，只求随时有钱用，到处有酒喝。"朱棣于是赐他一面金牌，并亲笔写诏书道："赐汝金牌，任汝行走，遇库支钱，遇坊饮酒。有人问汝，道是永乐皇帝好友。"

戮卒公弼，斩吏乖崖 宋吕公弼治理成都，政令宽松，人们认为他不够威严。一次，一兵士犯法，应被杖打，但他说："宁可被剑杀死。"吕公弼说："杖打是国法；用剑杀死，是你自己请求的。"于是杖责后用剑杀了他。从此境内肃然。宋张咏，号乖崖，任益州知府的时候，有一小吏冒犯了他，张咏就给他上了枷。小吏怒道："枷锁是很容易脱掉的，等我脱掉之后你就难办了。"张咏说："脱掉枷锁后我又有何难办的？"说完拔剑杀了他。从此属吏们十分畏惧他。

仲元拾叶，侯瑾燃柴 《洞冥记》载：董蔼，字仲元，少年时十分好学，曾背负图书游历山水。因嫌图书太重，便拾树叶以代替书简。东汉侯瑾，年少时孤苦贫寒，寄居人家为人做工，但他好学不倦，晚上常燃木柴照明读书。

甄后蛇髻，潘妃鸾钗 三国魏时甄后，梳妆时见一绿蛇盘曲在她面前，于是模仿此蛇形状挽束发髻，号为"灵蛇髻"。唐同昌公主有一玉钗巧夺天工，上刻九只五色鸾鸟和"玉儿"二字。一天，同昌公主梦见一穿红衣的小奴说："潘淑妃取九鸾钗。"醒后玉钗不见了。有人说玉儿乃潘叔妃的小名，所以她取走了玉钗。

十 灰

染髭天泽，剃眉渊材 元中书丞相史天泽须发尽白，一日用药水染成了黑色。元世祖问他因何染发，史天泽答道："我照镜子时发现须发尽白，感到尽忠于陛下的日子已经不多了。因此，我就把它染黑了，使得我报效国家的志向，也因此没有丝毫改变。"元世祖大喜。宋彭渊材第一次见到范仲淹的画像时，既惊又喜，拜说："有特异德操的人必有奇异的形貌。"然后拿过镜子自己照了照说："大致相像，只是耳毛少了几根。"后来又见狄仁杰的画像，盯着看了很久，然后便将眉毛剃成了尖梢入鬓的样子。家人笑他，他却怒说："上次见到范文正公只恨没有耳毛；现在见到狄梁公，不敢不剃眉毛。这有何可笑？"

文德啮被，景让擎杯 唐乐颐，字文德，极为孝顺，小时丧父。一次他患病，为免母亲知道后担心，强忍病痛不作声，以致咬破了被子。李景让，唐宣宗时任太子少保。他十分孝顺，也喜欢提拔人才。一次宴会上，有官员满斟一杯酒说："座中有忠孝两全者，请饮此杯。"众人肃然无人敢应，李景让举杯一饮而尽。

孙山答友，苗振绷孩 宋孙山和同乡之子一同参加科考，结果孙山中最后一名，而同乡之子落榜。孙山先回家，同乡问自己的儿子是否考中，孙山答道："解名尽处是孙山，贤郎更在孙山外。"后便称考试落榜为"名落孙山"。苗振，宋仁宗时中进士。后皇帝要考选官员出任馆职，晏殊对苗振说："你长期做官，必定疏于笔墨，应稍加温习。"苗振却说："岂有做了三十年的老娘，还会倒绷孩儿的？"结果苗振未被选上。晏殊笑他说："苗老兄这次果真倒绷孩儿了。"

衣颁魏击，褉示彦回 战国时魏文侯封太子击于中山，但对他极不放心。便赐太子击一箱衣服，让太子舍人带回中山。太子击打开箱子，见箱内衣物颠倒零乱，于是准备车马入朝。他说："赐我衣服不是为御寒，而是要召我入朝。《诗经》上说：'东方未明，颠倒衣裳。颠之倒之，自公召之。'"南朝褚渊，字彦回，为宋明帝之婿。明帝病重，召褚渊进见："我现在不行了，希望你能穿上黄罗褶辅佐幼主。"并加封褚渊为中书令。但明帝一死，褚渊就助萧道成灭宋建齐。

魏主求智，吴人卖呆　北魏道武帝拓拔珪问博士李先："天下何物能增加人的智慧？"李先回答说："只有书籍。"拓拔珪说："天下书籍有多少，如何搜集完备呢？"李先说："自从有书籍以来，每代都有增加，到如今已不可计数。但只要陛下喜欢，何愁搜集不到呢？"拓拔珪于是下令郡县大量搜集书籍送往都城。传说吴地多痴呆，因此民间有除夕之夜让小孩绕街呼叫卖痴卖呆之风俗，以求聪明。

武帝探策，太祖祝杯　晋武帝登位时抽签占卜世数多少，结果

为一。众人惊慌失措，无人敢说话。侍中裴楷从容奏道："我听说天得一而清，地得一而宁；陛下得一，天下安定。"晋武帝大喜。王审琦与宋太祖乃布衣之交，辅佐宋太祖平定天下，宋太祖很亲近他。王审琦生性不好喝酒，宋太祖每次宴请亲近大臣，王审琦都不喝酒。宋太祖心里不高兴。一天，趁酒酣耳热之时举杯说道："王审琦与我是布衣之交，如今与我共享富贵。酒乃天之美禄，王审琦你为何迟迟不喝呢？"说完后，回过头对王审琦说："上天定会赐你好酒量，你现在可以试着喝一点，不要害怕。"王审琦不得已只好奉诏，不料连喝十杯，毫无反应。此后，每逢酒宴王审琦都能开怀畅饮，但一回家，就又不能喝酒了。

融无第宅，准乏楼台　南朝张融任齐朝中书郎。有一次他向齐武帝请假出行，齐武帝问张融住在何处？张融答道："我在陆地上没有房屋，住在船中但又不在水上。"后来齐武帝向张融的堂兄张绪打听张融的居处，张绪说："近来张融无落脚之处，只好牵一只小船在岸上居住。"齐武帝听了大笑。宋寇准为官四十年，没有田园邸舍。魏野曾献诗道："有官居鼎鼐，无地起楼台。"后有辽国使者来京，问寇准说："莫非您就是无地起楼台宰相？"

十一　真

箸赐宋璟，袍赐全斌　唐宋璟为相，他的政绩为人称颂。唐玄宗把自己用过的金筷子赐给宋璟并说："我没有赐你金子，而是赐你筷子，是表彰你的正直无私。"宋太祖派王全斌率军攻打后蜀。时值深冬，汴京下起大雪，宋太祖说："我穿这么多的衣服还觉寒冷，想西征将士又如何抵挡得住？"说完脱下身上的裘皮大衣，派人飞马送给王全斌。王全斌十分感动，后来他带领西征军所向披靡。

诙谐郑綮，质讷刘均　唐郑綮为人诙谐，常作歇后诗。皇帝提拔他做宰相。郑綮接旨后却感叹道："这真是笑煞天下人。"王公贵戚纷纷前来祝贺，郑綮却说："歇后郑五做宰相，天下之事就可想而知了！"三个月后，他便告老还乡了。汉刘均任弘农太守三年，仁义之风大行，皇帝召见刘均说："我曾巡行河陵，快到弘农时，看见老虎避我而去。你到底施行何德政，使弘农的风气这么好呢？"刘均却回答说："这只不过是偶然之事罢了。"大臣们都笑他木讷，皇帝却赞叹道："这才是有德之人讲的话。"

袖给掩鼻，段乐沉身 战国时楚王妃郑袖对楚王宠爱的美人说："大王不喜欢你的鼻子，以后你见大王应捂住鼻子。"美人信了她的话。楚王对郑袖说："美人见了我就捂住鼻子，这是何故？"郑袖说："大概因为她讨厌大王的体味吧。"楚王一怒之下，割掉了美人的鼻子。晋刘伯玉妻段氏生性善忌，因刘伯玉曾在她面前大加赞叹洛神之美。段氏听后说："你怎能因水神之美而轻视我呢？我若死了，不愁做不成水神。"于是当夜就投水自尽。七天后，她托梦给刘伯玉说："你希望得水神为妻，现在我已做水神了。"

老媪投牒，小吏污茵 唐高宗时，戴至德和刘仁轨为左右仆射轮流处理民间诉讼。刘仁轨善用好言好语；戴至德则爱盘根问底。一老妇想把讼辞投给刘仁轨，不料误投了戴至德。戴至德拿到讼辞还未看完，老妇就说："本想找通晓事理的仆射，找到的却是不通事理的仆射，快把讼辞还给我。"戴至德笑笑，归还了老妇的讼辞。人们都很钦佩他的长者风范。汉宣帝时，替丞相丙吉驾车的小吏酒醉后吐在了车上，西曹主吏知道后打算开除小吏。丙吉说："因醉后失事丢官，以后谁还会收容他？你还是饶他一次吧，他只不过弄脏了我的车垫而已。"

荐侄蒙正，举子曹彬 宋真宗问吕蒙正："你的儿子当中，谁是可用之人？"吕蒙正答道："我的儿子都不是可用之人，我的侄子夷简倒是宰相之才。"从此宋真宗重用吕夷简。宋大将曹彬病重，皇帝看望他，并询问他的后事。曹彬回答："我的两儿子都能胜任将军之职。"皇帝问他两个儿子谁优谁劣，曹彬答道："曹璨不如曹玮。"

裹巾辱吏，赐绢羞臣 唐李封为延陵县令时，对犯法之人，他从不加杖责，而是命犯法者戴上绿色头巾，大家认为戴这种头巾是奇耻大辱，于是不敢犯法。直到离任，李封没有杖责过一人。唐将军长孙顺德一次收受别人送的绢，唐太宗知道后就在大殿当众赐他几十匹绢，唐太宗说："如果他有人性，那么他得到这些绢所受的侮辱应比受刑罚更厉害；如果他仍不知羞愧，那么只不过是一只禽兽罢了，杀了他又有何用呢？"

澹泉进履，子敬赠囷 明代李远菴生性廉洁，一天，他的门生郑澹泉，袖子里藏着一双布鞋，犹豫着不敢送给老师。李远菴问："你袖子里放的是何物？"郑澹泉说："是我妻子亲手做的一双鞋，想送给老师。"李远菴因他诚心一片，就收下了。他一生只收受了这一样东西。三国吴鲁肃，字子敬。他家有两个谷仓，各有米三千斛，周瑜曾请他资助米粮，鲁肃就指了一个谷仓给周瑜。周瑜觉得他不同寻常，和他结为知交。

颜竣建第，杨玢让邻 南朝宋颜延之任紫金光禄大夫，却仍穿布衣，住茅屋。后来他的儿子颜竣任吏部尚书，权倾朝野，但颜延之从未接受过他的东西。颜延之出门，总乘牛拉的破车，路遇颜竣的车队就闪到一边，说："我生平不喜欢见要人，今天不幸看到了。"颜竣盖了新房，颜延之对他说："好自为之，莫让后人取笑你的拙劣。"宋杨玢曾任尚书，后年老归养，回老家后发觉旧宅多被邻人侵占。子弟们想告上官府，杨玢在他们拟的状纸上批道："四邻侵我我犹伊，毕竟须思未有时。试上仓元殿基望，秋风茨草正离离。"子弟们只得作罢。

鼓棹张禹，投杯李纶 东汉张禹，曾任扬州刺史。一次渡江，当地土民说："江中伍子胥之神，常兴风作浪，不宜渡江。"张禹厉声说："伍子胥如果有灵，怎会不知我的志向在于体察冤情，何以会危害我呢？”说完就摇桨渡江，果然安然无事。宋李纶赴任广东，恰巧其兄赴任广东恩平，两人在江上饮酒作别，相互勉励为官清正廉洁。李纶说：“倘若我辜负了皇上和百姓，那么就有如此杯。”说完就将酒杯投入了江中。然而酒杯漂浮不沉，看到此景之人惊叹不已。

唾图妃子，饮鸩夫人 南朝宋刘绘之妹乃鄱阳王之妃，夫妻极为恩爱。鄱阳王被杀后，王妃积郁成疾。刘绘就命人画了一张鄱阳王和宠妾一起照镜子的画，暗中派人拿给王妃看。王妃看后，朝画上吐了一口唾沫，骂道：“早就该死了。”从此不再悲伤，病也好了。唐太宗赐兵部尚书任环两名很漂亮的宫女。任环之妻柳氏非常嫉妒这两名宫女，剃光她们的头发。唐太宗听说此事，赐柳氏一壶酒，说：“喝了这壶毒酒，马上会死；你如果以后不嫉妒她们，就无须喝酒。”柳氏拜谢恩赐，说：“我和任环出身卑微，一直相互扶持，才有今天的地位。如果皇上让他多蓄小妾，那我不如去死。”说完，拿起酒壶一饮而尽。不料那酒并非毒酒，柳氏安然无恙。唐太宗对任环说：“你夫人连死都不怕，你还能如何呢？”于是将两宫女安置别处。

赐绢胡质，却布黎淳 晋胡质任荆州刺史时，一次儿子胡威看望他后，要回家时，胡质送给他绢一匹。胡威跪下问道：“父亲您清廉高洁，从何处得到这匹绢的？”胡质说：“是用俸禄买的。”胡威听后放心地接受了。明黎淳，性情耿直，一次他的学生尹华亭送他一匹精美的云布，黎淳责备尹华亭说：“古人做官，命令拔葵树而种桑树；现在的人做官，却讲究奢华。我不穿此种艳丽的布做的衣服。”

十二　文

龙襄趁韵，良孙盗文 唐景龙年间，左武卫将军权龙襄，常自夸善于做诗。夏日一天，他做诗一首，诗中道：“严霜白浩浩，明月赤团团。”有人说：“这岂是夏天的景色？”权龙襄说：“只是为凑韵而已。”

皇太子作文讥讽他道："龙襄才子，秦州人士，明月昼耀，严霜夏起。如此诗章，趁韵而已。"邱良孙剽窃欧阳修旧作十篇，欧阳修得知后一笑了之。邱良孙因这些作品被皇帝授予官职，后他又剽窃令狐挺的兵法进献皇帝。欧阳修得知后，毫不犹豫地上奏弹劾他。

纯仁忠恕，傅翙清勤 宋范纯仁性情温和，待人平易，但在大是大非面前，他则正气凛然，决不屈服于邪恶势力。他曾说："我平生所学，得之于'忠''恕'二字。这二字我一生都受用不尽。"南朝傅翙任吴县县令时精明能干，有人问他："听说大人能明察秋毫，善于教化百姓，大人是如何做到的？"傅翙回答说："只是勤奋、清明而已。为官清明，那么法令自然能够施行，小吏就不能欺瞒上头。勤奋努力，那么政事就没有不能治理的，就不会有积留之事。如此一来，岂有治理不好之理。"

四铁御史，百纸参军 明御史冯恩上疏弹劾汪鋐，不料反被汪鋐会集大臣审讯。汪鋐高坐堂上，令冯恩下跪，冯恩却坚决不肯屈膝。汪鋐说："你想上疏杀我，现在难道你的生死不在我手中吗？"冯恩道："你杀了我，我变成厉鬼也不放过你。"汪鋐大怒："你怎敢辱骂大臣！"冯恩道："乱臣贼子，人人得而诛之，岂止是辱骂呢！"旁观之人叹道："此乃真正的御史。开始时是铁膝；听他的话，可称铁口；现在才觉他的胆和骨头都是铁做的。"人们因此称他为"四铁御史"。唐杜暹曾任婺州参军。将离任时，一小吏拿了一万张纸送给他，他盛情难却，只好接受了一百张。人们于是称他"百纸参军"。

惟吉不肖，殷羡无勋 宋薛居正的儿子薛惟吉品行不端，薛居正死后，宋太祖亲自参加他的丧礼，问薛居正之妻："不肖子何在？是否端正自己的品行？他这样恐怕无法承担祖业，怎么办呢？"薛惟吉又羞又怕，不敢起身。从此痛改前非，发愤读书。后宋太祖屡次委以重任，政绩卓著。晋元帝喜得贵子，大赐群臣。殷羡推辞说："我无功受赐，实在有愧。"晋元帝大笑道："我生儿子这种事情，如何能让你有功呢？”

袁韶佛子，孔奂神君　宋袁韶任临安太守时，处理案件明察秋毫，纠正许多冤案，辖境内路不拾遗，夜不闭户，时人称他为“佛子”。南朝孔奂任晋陵太守时，清正廉洁，体恤民情，所得俸禄都分于孤儿寡妇，时人称为“神君”。

扼吭立信，啮指霁云　宋末汪立信听说贾似道的军队溃败，叹息道：“我总算还能死在汉人的土地上。”说完仰天掐住喉咙窒息而死。后元将伯颜攻入建康，听说汪立信的两条计策，不禁感叹道：“宋朝如果真用他的计策，我怎能来到这里？”唐安史之乱，叛军攻打睢阳，睢阳太守派南霁云向贺兰进明求援。贺兰进明不打算派军救援，但想留南霁云在手下，因此准备了丰盛的酒食。南霁云含泪说：“我昨日离开睢阳时，军中将士已一个月没粮吃了，想到这个，我如何能吃下去！大丈夫掌握着强大的军队，却不解救危难，这难道是义士之举吗？”说完咬下一个指头，对贺兰进明道：“我未完成主将的嘱托，留下一指以示守信。”言罢愤然而去。

轼折辽使，婴辱楚君　宋元祐年间有辽使出使宋朝，欲刁难宋介，就对他说：“我有一上对：三光日月星。”宋介没能对上。后去请教苏轼，苏轼说：“‘四诗风雅颂’是天然的下对。”第二天，宋介做了回答。正当大家为之惊叹时，苏轼说道：“我也有一上对：四德元亨利。”辽使想起身辩驳。苏轼说：“你是想说四德漏了其中之一吗？”接着又郑重地做了下对：“两朝兄弟邦。”辽使只好服输。春秋时齐国晏婴出使楚国，楚人见其矮小想羞辱他，就开一小门让他进城。晏婴说：“出使狗国的人，才从狗洞进去；我现在出使楚国，恐怕不应从此门进城。”楚人无话可说，只好请他从大门进城。见到楚王后楚王说：“齐国没人了吗？为何派你来？”晏婴答道：“齐国派遣使者，依照出使各国的国主而定。贤人出使贤明之君的国家，不贤之人出使不贤之君的国家。我最不贤，所以被派到楚国来了。”楚王听后惭愧万分，对手下说："晏婴不能戏弄，否则是自取其辱。"于是好好地接待了晏婴，最后礼送他回国。

镇恶将种，马璘祖勋 南朝宋王镇恶是王猛之孙，好论国家军政大事。刘裕和他交谈后，很欣赏他，说："我听说将门有种，果然如此。"唐马璘是汉伏波将军马援的后代，一次读马援的传记，读到"男儿要当死于边野，以马革裹尸还葬耳"时，慷慨激昂地说："难道让祖先的勋业毁在我手中吗？"从此发奋努力，最终成为名将。

武借碧玉，杜索紫云 唐武后时，补缺乔知之小妾名碧玉，能歌善舞。武承嗣借她去教歌舞一直不肯送还，乔知之就写了《绿珠》一诗寄给碧玉。碧玉感伤哭泣，忧郁而死。唐杜牧在洛阳做官时，李愿已罢官闲居，广蓄声妓。一次宴请杜牧，宴会上共有美妓一百多人登场。杜牧问李愿道："听说有位叫紫云的姑娘，哪个是？"李愿指给他看。杜牧凝眸而视，过了许久，说："果然名不虚传，你应把她送给我。"李愿俯身大笑，诸妓也都回头对杜牧破颜而笑，杜牧自饮三杯，起声吟诵道："华堂今日绮筵开，谁遣分司御史来？忽发狂言惊满座，两行红粉一时回。"

十三　元

伴食宰相，瞌睡状元 唐卢怀慎和姚崇同为宰相，但因卢怀慎缺少才干，所以所有政事都交由姚崇做主，时人称为"伴食宰相"。宋吕蒙正未中进士时游历某县，当时胡大监之父主管此县，胡大监对吕蒙正很不客气。门客对他说："吕公会做诗，你应尊重他一些。"胡大监问吕蒙正诗中有何警句，门客举出："挑尽寒灯不成梦。"胡大监笑说："只是个瞌睡汉罢了。"吕蒙正听后很生气。第二年，吕蒙正高中状元，就给胡大监捎信："瞌睡汉已中状元。"胡大监说："待我明年及第，也只比您差一级罢了。"翌年胡大监果中状元。

扪膝汝砺，叹足昌言 宋喻汝砺，气节高尚，因反对与金议和而被迫辞官。他曾摸着膝盖说："我是不会让你弯曲的。"时人称为"扪膝先生"。宋梅询，字昌言，学识渊博，曾任侍读学士，晚年因脚患病而出京任职。他曾摸脚叹息道："你里面有鬼怪吗？是你令我不能官登二府的。"

乳母守义，庶女衔冤 战国时魏国的节乳母即魏公子之乳母。秦国攻破魏国后，杀了魏王和众公子，只有一名公子没抓到。魏国旧臣让乳母献出公子，乳母答道："见利而反上是逆，畏死而弃义是乱。现在你们要我逆乱而求利，我不干。"之后抱着公子逃跑。魏国旧臣向秦军告密，秦军追上她们，争相放箭。乳母用身体替公子挡箭，后与公子一起殉难。齐国寡妇庶女很孝顺婆婆，不料小姑子贪图钱财而杀母，并嫁祸庶女。庶女百口莫辩，只好向上天诉说冤情。不久大风袭击了齐国王宫。

匿表钦若，说《易》朝恩 宋马知节憎恶王钦若的为人。王钦若每次上朝奏事，怀中总是藏好几份奏章，但每次只拿出一两份；退朝后他常假传意旨。马知节曾当着皇帝的面质问王钦若："为何不把怀中的奏章都拿出来呢？"后王钦若擅自提拔边将，马知节在皇帝面前与王钦若大吵大闹，结果两人都被罢职。唐宦官鱼朝恩受命兼管国子监，到了国子监，就拿着《周易》登上高座，大讲"鼎折足"以讥笑宰相。王缙听了大怒，元载却面有喜色。鱼朝恩道："听了发怒乃人之常情，听了反而高兴之人真是高深莫测。"

赚帖萧翼，窃画桓玄 唐太宗多次向王羲之的后代辨才和尚索要王羲之《兰亭序》真迹，都未得到。大臣萧翼便假冒成一爱好书法的书生，到寺院中与辨才交往。两人交情日深，萧翼得知《兰亭序》真迹的藏匿处后，趁机偷走，送往朝廷。辨才后悔莫及。晋顾恺之的绘画绝妙无比。他曾寄放一橱子画在桓玄处，并在橱门上贴了封条。桓玄偷了一些画，又照原样封好。后来他把这橱画还给顾恺之，顾恺

之也没怀疑画被桓玄偷了。

管通鹊语，王察蚁言 三国管辂一次在安德县令刘长仁家，见一只喜鹊叽叽喳喳地叫着，就对刘长仁说："这只喜鹊说：'东北方向有一妇人昨晚杀夫，却诬陷西家人。但过不了一天，傍晚时会有告状的人来。'"后果如其言。台州有王姓之人，常祭拜厕神。一天，自称厕神的女子，在他左耳上涂了些药膏，并对他说："看到蚂蚁时侧耳倾听，必有所得。"第二天，他见柱子下有一群蚂蚁，于是侧耳倾听，听到蚂蚁们说："此地有宝贝，太冷了，咱们把穴移到暖和处。"他于是在柱子下挖掘，得白银十锭。

弼使强虏，愈挫逆藩 宋仁宗时，契丹要求割地，宋仁宗只笑应增币。富弼受命出使契丹。他不亢不卑，据理力争，迫使契丹国主同意只增币不割地。在增币用"献纳"还是"纳"的字眼上，最终也使契丹国主答应用"纳"字。唐王廷凑反叛，韩愈奉命前往安抚。王廷凑责问道："先太师为朝廷赶跑了朱泚，有何对不住朝廷的，朝廷竟还称他为贼？"韩愈说："你记得你父亲就好了。逆与顺，祸与福，只在一念之间啊！从安禄山到种师道，他们的子孙还有保存下来的吗？而田弘正归顺朝廷，现在子孙都做着高官；王承元归顺朝廷，弱冠之年就已建节一方了。"王廷凑听了，设宴礼待韩愈。

痴人破瓮，拙妇凿裈 《合璧事类》载：有一穷人用所有的钱买了一只瓮，晚上睡在瓮中，心里盘算道："这只瓮卖它若干钱，就可再买两只瓮，再卖掉，又可以买四只，如此下去，其利无穷。"于是手舞足蹈，不小心把瓮弄破了。《韩非子》载：郑县一人叫妻子为他做条裤子，妻子问他："要做成怎样的？"他说："就像我的旧裤一样好了。"妻子于是在做好的新裤上剪了几个洞。

曳履危素，抚枕桓温 元翰林学士危素降明，明太祖仍任他为翰林学士。一天，明太祖亲临东阁，听到"橐橐"的脚步声便询问是谁，对方答说："是老臣危素。"明太祖说："是你呀，我还认为是文天祥呢。”危素害怕，连连叩头。明太祖道：“你是元朝老臣，为何不去和州看守余阙的庙呢？”于是将危素贬到和州。晋桓温有反叛之心，常在夜间抚枕叹息：“如此平淡寂寞地过一辈子，恐要为文帝和景帝所耻笑。”一会儿，又说：“大丈夫不能流芳百世，也当遗臭万年。”

姊拒广孝，母逐怀恩 明僧人道衍因助燕王朱棣夺取皇位而封太子少师，复俗名姚广孝。他去看望姐姐，姐姐说：“贵人何必到穷人家来？”姚广孝只得换上僧服，其姐姐才勉强出见。姚广孝急忙下拜，其姐却说：“怎用得着你如此多礼？不知底细者还以为你是好人呢！”说完掉头进屋了。唐仆固怀恩叛乱后，儿子不久被杀。怀恩得消息后，立即回家告诉母亲。母亲说：“我告诉过你不要反叛，国家待你不薄。今日军心已变，祸患必及于我，我该如何呢？”怀恩未回答就出去了，其母提刀追赶他说：“我要为国家杀掉你这叛贼。”怀恩因跑得快得以幸免。

陆贾新语，杜牧罪言 汉陆贾常称许《诗经》《尚书》。汉高祖不以为然，陆贾对他说：“马上可得天下却不可治之，应文武并用。假如秦王统一天下后广行仁义，效法先圣，那么陛下又怎能得天下呢？”汉高祖听后说：“那么你写一部秦所以失天下，我所以得天下及古来成败之理的书吧。”陆贾便撰文十二篇，极论历代兴亡之事。汉高祖阅后大喜，定其书名为《新语》。唐杜牧因不满朝政，为针砭时政于是写《罪言》。

十四　寒

孙权斫案，刘繁拍栏 三国时，曹操率军平定荆州，进逼东吴。东吴有人主张投降曹操，只有周瑜、鲁肃坚决反对。孙权采纳了周、鲁的意见，拔剑斫向面前的奏案，说：“若还有人要投降，就像这奏案一样。”宋刘椠性情豪爽。久任幕僚，颇不得志，便归隐于冶源山。他常斜倚栏杆，慨想世间之事，有时不觉用手拍栏吟诗道：“读书误我四十年，几回醉把栏杆拍。”

亡羊王育，驱雀顾欢　晋王育小时父母双亡，孤苦伶仃，以替别人放羊为生。一有空，他就摘蒲叶学习写字。一次，因练字过于专注，丢失了羊，只好卖身赔钱。同郡名士许子章听说此事后，替王育偿还了羊钱，还给王育提供衣食，让他和自己的儿子一同读书。王育得以博通经史，后做了破虏将军。南朝齐顾欢的祖父和父亲都是农民，家境贫寒，而他却很好学。一次，父亲叫他到田里赶鸟雀，顾欢看见鸟雀就作了篇《黄雀赋》归来，不知谷粒却被鸟雀啄吃了大半。父亲大怒想打他，后见《黄雀赋》，就住了手。

麒骥杜广，鹳雀裴宽　十六国时前赵的杜广本是刘景的一名马卒。一次刘景询问他的志向，他回答得井井有条。刘景听后叹道：“我辜负你这个贤人太久了！”于是跟妻子说：“我替女儿找丈夫找了三年，却不知马厩中还有一匹麒骥。”于是将女儿嫁给杜广。唐裴宽为润州参军时，刺史韦诜很欣赏他，想招他为婿，于是韦诜把裴宽介绍给族人。族人们见裴宽身体瘦弱，很轻视他，称他为“碧鹳雀”。韦诜说：“爱女儿就应把她嫁给贤人，何必以貌取人呢？”最后把女儿嫁给了裴宽。

射子羊侃，斩叔曲端　南朝梁侯景发动叛乱，羊侃辅佐宣城王，指挥抵抗叛军。侯景抓了羊侃长子羊鷟以此招降羊侃，羊侃不为所动。几天后，侯景将羊鷟推到城下，不料羊侃亲自拉弓向羊鷟放箭。叛军为他的忠义所感，因此未加害其子。宋曲端为泾原都统时，有个叔叔是他的偏将，因战事失利，被曲端斩杀。不久，曲端写了篇祭文道：“呜呼！斩副将者，泾原都统也；祭叔者，曲端也。尚飨！”从此一军畏服。

周新冷面，钱顗铁肝　明周新任御史，弹劾不避权贵，京师人称他“冷面寒铁”。宋钱顗为殿中侍御史时，因触怒王安石遭贬。他离开御史台时，当众大骂孙昌龄媚事王安石，后又被贬秀州做官。一生一贫如洗，但毫无怨恨之色。苏轼曾赠他一首诗，诗中有“乌府先生铁作肝”之句，因此世人称其为“铁肝御史”。

表对坠笏，清虚挂冠 唐司空图，字表圣，隐居不仕。柳璨以皇帝诏令征召他。入朝后，司空图假装年迈衰老，将朝笏掉于地上。柳璨见如此，只好说：“司空图沽名钓誉，难以在朝中为官，还是放他回山林隐居吧！”南朝廖冲，字清虚，精通经术，德行高洁。梁武帝招集天下名士，廖冲也在其中。后廖冲见梁武帝年老昏庸，诸皇子又愚奢，于是叹道：“树木的根已经被拔动了，天下还能长治久安吗？我现在如果不走，皇上迟早会加罪于我。”不久就挂冠而去。

袁粲啸咏，弘景盘桓 南朝袁粲以园林诗酒自娱。他常拄杖，四处闲逛，郡南有一人家的园中有很多奇竹怪石，袁粲得知后不报主人，径直进园欣赏奇竹怪石，啸吟自得。南朝陶弘景喜爱山水，每次路经涧谷定要坐卧其中，吟咏诗歌，流连忘返。他对人说：“我见高楼大厦，虽知里面的华丽，但没有进去的欲望；我仰望高峻的岩石，俯瞰浩荡的水泽，虽知险阻异常，但是心中还是不由生出游玩的欲望。”

钧弹常侍，铭捽内官 汉灵帝时张钧任郎中。当时张让等十常侍专横恣行，天下大乱。张钧上疏说杀十常侍以谢罪，就可不用军队而祸乱自消。汉灵帝将奏章给张让等看，张让等连忙磕头请罪，汉灵帝也未加罪。后张钧再次弹劾张让等人，反为张让诬陷而死。明宣宗年间，巡使者大多贪婪放纵，鱼肉乡里，民愤极大。太监刘宁清廉谨慎，皇帝让他和御史一道前往各郡，没收巡使者的财产，并押他们回京。路经故城，故城县丞陈铭听说有太监来，揪住刘宁就打，御史把他逮了起来。皇帝知道后说：“县丞陈铭虽然有罪，但他出于一时激愤，所以这次暂且宽恕他。”

李巽席帽，穆之金盘 北宋初年，考试制度沿袭唐朝旧制，应举士子均头戴席帽。李巽屡试不第，一乡人嘲笑说：“李秀才每次应举不中，都不知何时可不戴席帽。”后来李巽终于进士及第，便写一首诗寄给那人说：“当年踪迹困泥尘，不意乘时亦化鳞。为报乡闾亲戚道，如今席帽已离身。”南朝刘穆之家境贫寒，常遭妻舅侮辱。一次妻舅家举行宴会，刘穆之吃完饭后，要槟榔吃，妻舅嘲笑他说：“槟榔是助消化的，你连饭都吃不饱，还吃它做甚？”后刘穆之任丹阳尹，命人用金盘装一斛槟榔送给妻舅。

大言桃豹，异志郭丹 晋桃豹曾说大话道：“不封万户侯，不位居上将，就非大丈夫。”时人笑他口出狂言，桃豹却说：“鼠辈怎知君子之雄心壮志！”汉南阳人郭丹到长安求学时，买了通行证才得以过函谷关，他感叹道：“我若不能乘高车大马，决不回来！”后来他为谏议大夫，持节回南阳，果乘高车大马出关。

十五　删

秦王水殿，隋主火山 隋秦王杨俊造有一座水殿，用香粉涂抹墙壁，用美玉和黄金做台阶，并在梁柱栋椽之间挂满镜子和宝珠。唐太宗问萧皇后：“我和隋炀帝相比如何？”萧皇后说：“他是亡国之君，您是开国皇帝，奢侈节俭不同罢了！”唐太宗又问：“隋炀帝怎么个奢侈法？”萧皇后说：“每逢除夕之夜，他要在殿前设立几十处火山，每处要烧好几车沉香，并用甲煎浇酒，一夜之间要用掉二百多车沉香和二百多石甲煎。”

廉公号孟，谢子称颜 元廉希宪喜好读书，一天正读《孟子》，忽必烈召见他，便把书藏在怀中去见忽必烈。忽必烈问他怀中藏着何书，答曰《孟子》。忽必烈又问他书上说些什么，廉希宪说：“一个国君如果能把爱牛之心充实和扩大，就可永远保有天下。”忽必烈觉得他讲得很精辟，于是称他为“廉孟子”。晋谢尚小时候，一次父亲谢鲲带他去送客，有人说：“此小孩是一座之中的颜回。”谢尚应声道：“一座之中并无孔子，如何分别颜回的贤能呢？”宾客们听了都十分惊叹。

范宣受绢，周访投环 晋范宣廉洁自守，韩伯赠他百匹绢布，他拒受，减至一匹，还是不受。后范宣和韩伯同坐一车，韩伯撕下二丈绢布给他，说：“你难道能让你的夫人没有裤子穿吗？”范宣这才接受了。晋周访曾任荆州刺史。有人劝说王敦：“荆州乃兵家用武之地，你应亲自管辖。”王敦于是改任周访为梁州刺史，周访十分恼火，王敦赠他玉环一对以表厚意，周访把玉环丢在地上，说：“我非市井小人，怎能用珠宝来取悦呢？”

陶公限饮，陆生分餐 晋陶侃每次喝酒都有限量，常不能尽兴。一次，殷浩劝他多喝一点，陶侃说：“我少年时曾喝酒误事，已故双亲为此常约束我，所以现在我喝酒不敢逾量。”《孝苑》载：陆时雍被补为郡学生后，想到母亲和兄长都吃不饱饭，就对管炊事的人说：“我每天的饭吃不完，想减掉一餐送给母亲吃。”从此，陆时雍就把一餐饭分成两餐来吃。

周启师圣，罗学龟山 宋侯仲良，字师圣。他拜程颐为师，学习很久但仍不开窍，便去拜访周敦颐，周敦颐留他谈了三天三夜。回来后，程颐惊讶地问他：“你莫非是从周敦颐那儿回来？”周敦颐之善于启发人，由此可见一斑。宋罗从仰慕杨时（世号龟山先生）的学问便前往拜访。见到杨时的第三天，他就感慨地说：“不到这里，差点儿虚度一生啊！”

下 卷

一 先

文帝好学，理宗思贤 三国魏文帝爱好学习，常手不释卷，他常说："人小时爱好学习，就会心意专一，但长大后往往很健忘。长大后还能勤于学习的就只有我和袁伯叶两人了。"宋理宗追赠朱熹为太师。一次朱熹之子入宫向理宗讲述人主学问之要领，理宗说："你父亲写的《中庸序》将此问题讲得很详细，我读之爱不释手，只可惜无缘和他同时。"

张巡赚箭，狄青钉钱 唐张巡守睢阳城，被叛将令狐潮围困很久，城中弓箭都用完了。张巡于是命人扎许多草人，给它们披上黑衣，在晚上用绳子放到城下。令狐潮以为有人要劫营，连忙命人用箭射它们。张巡因此获箭数十万枝。宋狄青曾奉命率军征讨邕州，因路途险阻，将士们都很害怕。一天，狄青用钱十枚占卜，向神灵祷祝说："如果此行能战胜敌人，那么让我投掷的十枚钱落地后都是同一面吧。"说完掷钱于地，十枚钱果然都是同一面。狄青命人用钉子把它们钉在地上，再加上封记，后来果然大捷。

詈贼惜惜，谢客怜怜 宋高邮有个妓女名毛惜惜。荣全造反，攻入高邮城，传惜惜陪酒，惜惜说："我不能为反贼斟酒。"荣全大怒，用刀割其嘴，随后将她碎尸万段，但惜惜至死骂不绝口。元汪怜怜为湖州名妓，姿容美丽。经历涅古伯向她求爱，她说：“你若不嫌弃，娶我为侧室。”涅古伯于是娶她为妾。涅古伯死后，汪怜怜削发为尼。王公大人纷纷到尼庵去探访，她就毁坏容貌和嗓音，闭门却客，后老死于尼庵。

击蛇刘裕，藏龟苻坚 晋末刘裕，小字寄奴，年少家贫，以伐荻为生。一次击伤一条大蛇，第二天刘裕听到有杵臼的声音，见好多个青衣人在捣药。刘裕问他们捣药何用，他们回答说：“我们的主人被刘寄奴击伤了，所以捣药来敷。”刘裕又问：“为什么不杀了刘寄奴？”青衣人回答说：“刘寄奴是王者，不能杀。”后刘裕果成南朝宋的开国皇帝。前秦苻坚统治后期，有人掘井时得一大龟，苻坚将龟养在池中，后大龟死了，苻坚下令把它供藏于太庙中。太庙丞当晚梦见大龟说：“我出来见天日，本是为了重回江南，谁想却送命于此！”醒后认为此乃亡国征兆。不久，苻坚果然败亡。

枯骨袁术，强项董宣 汉末徐州牧陶谦临终时将州政托付于刘备，刘备却推荐袁术。孔融得知后说：“袁术岂是忧国忘家之人？他只不过是冢中枯骨而已，何足挂齿！”东汉董宣为洛阳令，不畏权势，一次，他当众指责湖阳公主纵奴杀人，并处死了公主府中一个杀人后藏匿的仆人。公主向光武帝哭诉，光武帝召来董宣想杖死他。董宣道：“陛下圣德中兴，却纵容奴才杀人，将来何以治天下？”说完以头撞柱，血流满面。光武帝阻止了他，让他向公主叩头谢罪，董宣拒绝了。光武帝就叫人摁他跪下磕头，董宣却用两只手撑着地，不肯低头。光武帝无奈，只好笑说：“真是一位强项令！”不再追究。

水浇醉吏，火煅颠仙 三国吴孙权有一次在武昌临钓台召集群臣饮酒，大醉，命人用水浇洒群臣，说：“今日痛饮，要醉倒台中为止。”张昭见此一声不吭地走了。孙权派人召他回来，说：“只是玩乐罢了，何必生气呢。”张昭说：“以前商纣王建酒池肉林，终日饮酒作乐，开始时也无人认为是坏事。”孙权哑口无言，面有愧色。元末建昌人周颠，得癫狂病，乞食于街头，他每次遇上朱元璋，定要拦住跪拜，口称“告太平”。朱元璋很讨厌他，命人灌他酒，但他总也不醉；又把他盖在大缸中，架柴火烧，火熄后开缸一看，他还是安然正坐。于是人称“颠仙”。

苏蕙织锦，蔡琰辨弦 前秦窦滔之妻苏蕙，才学出众。窦滔因罪被戍流沙，苏蕙思念他，因织锦作回文旋图诗以寄。锦上有字八百四十个，纵横反复，皆书章句，文词凄婉。汉蔡邕的女儿蔡琰，从小聪明，六岁时，蔡邕弹琴忽断一根弦，蔡琰听到就说：“是第二根弦断了吗？”蔡邕很奇怪，问她是不是猜的，蔡琰说：“季札观风可知四方兴衰，师旷听音可知南风不竞，怎么能说我是猜的呢？”

程主讲席，孙侍经筵　宋元祐初年，程颐为崇政殿说书，态度严肃，皇帝很怕他。而富弼对皇帝却十分恭敬。有人劝程颐像富弼那样对待皇帝，程颐说："富公是三朝元老，所以侍奉幼主不得不恭敬谨慎。而我以平民被擢为皇帝的老师，怎么敢不自重呢？"宋仁宗即位之初，召侍讲学士孙奭讲解《论语》。仁宗有时左顾右盼，身体歪斜，孙奭就停住不讲，仁宗只好端正态度，认真听讲。

士瞻百袴，阮孚一钱　南朝吉士瞻，年少时因家贫没套裤穿，常被人取笑。后来他做了官，平定鲁休烈后，得三万匹绢。他用这些绢做了一百条套裤，剩下的都赏给士兵。晋阮孚一次带一黑袋到会稽游玩。有人问他袋中何物，他回答说："只有一文钱。"

索诗苏轼，诵易薛瑄　宋苏轼因"乌台诗案"被捕入狱，妻儿送他出门，均哭哭啼啼，苏轼对妻子说："你为何不像杨处士之妻那样写首诗来送我呢？"妻子不禁破涕为笑。原来宋真宗召见杨璞时，杨璞之妻做诗送行，其诗云："更休落魄贪杯酒，亦莫猖狂爱咏诗。今日捉将宫里去，这回断送老头皮。"真宗听说后，放杨璞回家了。明大理寺卿薛瑄，因得罪宦官被判死刑。他在狱中读《周易》消遣，不将生死放在心上。后经兵部侍郎王伟营救，才免于一死。

元昊缄鸽，守约捕蝉　西夏国主元昊率军入侵渭州，韩琦派任福带兵抵抗，任福不听韩琦指挥，结果陷入西夏军包围之中。宋兵在路边发现几只密封的银盒，一打开盒子，盒内有一百多只哨鸽突然飞起。于是西夏军包围了他们，宋军全军覆没。宋宋守约为殿帅，夏日派人轮番捕蝉，如果他还能听到蝉鸣声，就对这些人施以重责。宋神宗知道后责问于他，宋守约说："我知这样做不合情理。但军中以号令为先，我现在有幸做殿帅，无从严明号令，只好以捕蝉之事做个榜样。"宋神宗听后觉得有理。

煮龟元逊，烹狐茂先　三国吴孙权时，有人捉了一只能说话的大乌龟，想进献给吴王孙权。他带龟进城，路上泊船于大桑树下，夜半时分，桑树对大龟道："元绪，你怎会这样呢？"大龟道："我被人抓住了，可能会马上被烹煮。但是即使烧光了南山上的树，也煮不烂我。"桑树道："诸葛恪（永元逊）见多识广，一定会让我倒霉的，怎么办呢？"大龟说："不要多说了，再说就离灾祸不远了。"后来诸葛恪果然派人砍掉了这棵大桑树，用来烹煮大龟，大龟也就被煮烂了。晋张华，字茂先，博学多识。燕惠王墓中有一千年狐狸，不听墓前华表木精的劝告，变化成书生，拜访张华。张华疑他是狐狸，派人去砍来燕惠王墓前千年华表木，点火一照，书生马上现原形。张华于是烹死了他。

扪赘佛印，摩顶守坚 宋蒋之奇，字颖叔，脖子上长了个赘疣，后来他到金山寺去看望朋友佛印和尚。佛印用手摸他脖子上的赘疣，蒋之奇不悦。佛印说："冲卿在前，颖叔在后。"蒋之奇听了转怒为喜。宋娄道，字守坚，他生来模样奇怪，手掌中长一眼，中指有七节。长大后为承天寺的和尚。一次应召入宫，正好宋仁宗出生，啼哭不止，娄道就抚摸着他的头说："莫叫，莫叫，何似当初莫笑！"仁宗便不哭了。

二 萧

受蒜闵贡，弃蔬鲍焦 东汉闵贡，世人称之为节士。同乡人见他生活清苦，就送他一些生蒜。闵贡说："我是想省却麻烦，结果事与愿违。"于是接受生蒜，并不食之。春秋时鲍焦看不惯世事，过着自给自足的生活。子贡对他说："我听说，认为一个国家政治不好的人，会离开这个国家的；认为一个国君不好的人，是不会接受这个国君好处的。现在你住在他的国土之上，吃着他的土地上生长的粮食，你的志向为何与行动不相符合呢？"鲍焦说："我听说廉士看重进取轻视退步，贤人容易惭愧而看轻死亡。”于是绝食而死。

丁谓符谶，陶安应谣 宋刘遁和丁谓关系很好。一天，刘遁写诗一首送丁谓，诗中有“他时驾鹤游沧海，同看蓬莱岛上春”之句，丁谓不解其意。后来被贬崖州，见了在那等候的刘遁，才明白这两句诗的意思，知刘遁是个异人。后来两人泛舟海上，开怀畅饮，丁谓对刘遁说：“这就应验你的诗谶了。”汉陶安公有道行。民间有谣谚道：“安公安公，治与天通。七月七日，迎我以赤龙。”到七月七日，陶安公果骑赤龙升天。

嗣宗毁庙，君谟修桥 宋王嗣宗为官邠州，城东灵应公庙旁有山洞，住着一群狐狸，巫师们就假借狐精之名招摇撞骗。王嗣宗知道后，拆毁庙宇，杀掉几十只狐狸，去除了这个骗局。宋蔡襄，字君谟。他守泉州时，当地人往来要渡海，一年中淹死许多人。蔡襄决定造桥，考虑海潮漫涨无法凭人力改变，于是写一封书信，派一小吏送给海神。小吏醉酒，睡在海边岩石上，醒来发觉书信已被换。蔡襄拆信一看，上面只有一“醋”字，于是悟道：“莫非海神叫我在廿一日酉时动工？”到了廿一日酉时，海潮果然退去，用八昼夜造成桥。

叔隗季隗，大乔小乔 春秋时，晋公子重耳受诬，出奔至狄。狄人攻打咎如时俘获两女子，一名叔隗，一名季隗，重耳娶了季隗，生下两子，又把叔隗嫁给赵衰为妻。汉末乔玄有两个女儿，生得美貌绝伦。孙策攻打皖地时得到了这两个女子，孙策娶了大乔，周瑜娶了小乔。

出妻大逊，逐妇班超 汉李充，字大逊，举家同居，和睦相处。李充之妻私下要求分家，李充佯装答应，于是摆酒设宴，遍请亲朋乡邻。宴上，李充当众说：“此无德，想离间我们母子兄弟，按礼法应被休。”说完就把妻子赶走了。汉章帝封班超为将兵长史，并派遣卫侯李邑护送西域乌孙国使者回国。到达于阗后，李邑因战乱不敢再走。于是上书诋毁班超，说他拥着爱妻娇儿，安居享乐，不顾国家安危。

班超听后，叹息道："我不是曾参，却被人再三诬陷，我恐怕要被世人怀疑了！"于是将妻子赶出家门。

陆绩载石，廖凝挈瓢 三国吴人陆绩曾任郁林太守，任满还乡因行李太少，以致船身太轻，不能渡海，于是装大石压船。当时人称颂他的廉洁。五代廖凝，品行出众，在南唐做官以廉洁自守。离任时，只携带诗卷和酒瓢而去，并做《解印诗》道："五斗徒劳更折腰，三年两鬓为民焦。今朝解印吟归去，还挈来时旧酒瓢。"

窝名安乐，馆号逍遥 宋邵雍，居住洛阳四十年，亲自砍柴耕种，供养父母，安贫乐道。他给自己的居室起名为"安乐窝"，自号安乐先生。唐开元年间，高太素隐居商山，在那建了六座逍遥馆。

道人画鹤，丈夫承蜩 晋时有个姓辛的人在江夏卖酒，三年来一道士常在他那喝酒，辛氏从不收他钱。一天，道士用橘皮在墙上画一仙鹤，并招它下来，仙鹤便飞下来跳舞。从此，远近宾客都来此饮酒赏鹤，辛氏因此发财，于是建起黄鹤楼。后来道士骑鹤飘然而去。孔子见一老人在粘树上的蝉，就像任意拾取一样。孔子问他："你粘蝉这么灵巧，有何好方法吗？"老人答道："我是有方法的。长期练习叠两个蛋而不落，那么漏失的就像锱铢一样少；叠三个而不落，那么漏失的只有十分之一了；叠五个而不落，就能像任意拾取一样。我安置自己的身体，犹如木桩一样牢稳；我用手臂执竿，就如枯槁的树枝一样不弯曲。虽然天地之大，万物之多，但我只专注于蝉翼，不为万物所分心，怎会粘不到蝉呢？"

孝卿退水，钱镠射潮 南朝庾子舆，字孝卿。其父为官于巴西，死于任上，庾子舆还乡吊唁。到巴东时，长江三峡的水猛涨，难以渡过，庾子舆痛不欲生，对水长啸。夜里，洪水忽然减退，庾子舆过河不久，河水又恢复成先前的样子。当时人们都说："淫预（即滟滪堆，长江瞿塘峡口江心中的一块巨石）如幞本不通，瞿塘水退为庾公。"五代时吴越王钱镠为抵御钱塘潮，在钱塘江两岸筑捍海塘，其间因潮水汹涌，工程受阻。钱镠即令军士用弓箭射向潮头，并到吴山上的伍子胥庙祭祷。不久，潮水避开了东岸，海塘得以修成。

徽宗封马，武后怯猫 有一天宋徽宗让人把自己最喜欢的马牵来，哪知那匹马驻足不前，打它，它也只站着又叫又跳。饲养员说："它大概是想做官吧。"宋徽宗听了说："猴子都能封为供奉，我的马怎能没官职呢？"便封它为"龙骧将军"。那匹马居然服帖了。王皇后、萧淑妃手和脚被武则天斩断并放在酒瓮中，说："让这两个老女人的骨头都碎掉！"萧淑妃临死时说："愿武后变成鼠，我变成猫，永远掐住她的喉管，吃她的肉！"武则天知道后，禁止宫中养猫。

三 肴

痴翁廷直，狂士仲交 明史忠，字廷直，自号痴翁，题署所居之楼为"卧痴"。他性格豪放，为人刚直，不攀附权贵。明盛时泰，字仲交，他经常出游，独来独往。一次，经过御史台衙门，借着酒醉击打悬鼓。御史张有南听到鼓声说："哪来的这样猖狂之士？定是盛仲交。"因此邀他入内，痛饮至天明才分别。

崔家共宅，刘氏一庖 唐博陵崔倕，三代共居，同住在光德里的宅第中。崔倕有六个儿子，一个是宰相，其他五个都是高官。隋末刘君良四世同堂，宗族兄弟就像亲兄弟一样。隋大业末年，天下饥荒，刘君良之妻劝他与兄弟们分开过，并暗中调换了庭树上雏鸟的巢，于是鸟鸣叫不休。刘妻便说："现天下大乱，鸟都不愿共处，何况人呢？"因此刘君良便与兄弟们分开过。当得知妻子的诡计时，便休了妻子，并告诉了兄弟们事情的经过，终于又和兄弟们住在了一起。唐武德年间，杨宏业发现刘家六个院子共用一个厨房。

毕称颇牧，刘比吕包 唐宣宗时，党项人常骚扰河西，毕諴向宣宗谈古论今，陈述了破羌的策略。宣宗高兴地说：“我正在物色帅兵将领，没想到廉颇、李牧就在我宫中。”即授他为邠宁节度使。宋刘挚，官至宰相，公正不阿，官员对他非常敬畏。人们把他比作包拯与吕诲。

冶鸟咄咄，黠鼠聱聱 《博物志》载：越地有一种鸟，像鸠，青色，叫作冶鸟。在大树上做巢，常鸣叫道：“咄咄去，明日便宜飞上树。”苏轼在《黠鼠赋》中说了一个故事：一晚他听到有老鼠啮物的声音，就拍床制止，但此声忽起忽落，于是命童子察看，发现一空袋子，声音正源于此袋。童子说：“嘻！原来是只出不来的老鼠啊！”打开一看，有只死鼠。童子惊奇道：“刚才还有啮物声呢，怎么忽然死了呢？那么刚才是什么声音？难道是鬼吗？”童子倒出死老鼠，不料刚倒出老鼠就跑了。

四　豪

刘器吕范，张藐韦皋 三国吕范，很英俊，曾为县吏。同县有个姓刘的富人，女儿很漂亮，被吕范看上了，向刘家求亲。富人的妻子嫌他家境不好，富人说：“看这人，定不会穷很久的。”于是答应了他。唐张延赏择婿，其妻苗氏能识人，选中了进士韦皋。他生性疏旷，张延赏很后悔，奴婢们也都轻视慢待韦皋，但苗氏对他仍然很好。于是韦皋辞家出外游学。五年后，他受命到西川去接替张延赏的职务，并改名韩翱。有人告诉张延赏说：“代替你的人是韦皋而不是韩翱。”苗氏说：“一定是韦郎啊。”张延赏说：“韦生必定已经死了，哪能坐上我的位子？”后来一见，真是韦皋。张延赏既惭愧又害怕，便偷偷地逃跑了。

狂词王直，壮歌袁绹 苏舜钦曾任集贤校理。一次，他举行宴

会，请了许多名宿参加，不理睬平时看不起的人。宴会上有艺妓歌舞助兴，痛饮狂歌。王直也在座，他唱道："欲倒太极遣帝扶，周公孔子驱为奴。"没被邀请的人知道后，立刻奏告皇帝，皇帝大怒，下令搜捕众人，馆阁为之一空。宋宣政年间，歌手袁绹在宫中任职，曾说过一事：苏东坡和客人游金山，恰逢中秋夜，景色优美，一起登上妙高台，命袁绹唱东坡《水调歌头》词："明月几时有，把酒问青天……"唱完后，苏东坡很高兴地跳起了舞来。

褚渊励节，宋弘秉操　南朝宋褚渊，很英俊，有风度。他任吏部郎时，一次皇帝召见他，在西阁过夜，山阴公主想和他私通，被他拒绝了。公主说："你的胡子那样坚硬，为何没有大丈夫的气概呢？"褚渊道："我不成器，却也不敢做有违礼法的事情。"东汉初年，宋弘任太尉，各方面都很出众。光武帝的姐姐湖阳公主死了丈夫，看中了他。光武帝说："宋弘已有家室，我先试一下他的态度。"就召见宋弘，道："富了换朋友，贵了换妻子，这是人之常情吗？"宋弘说："贫贱之交不可忘，糟糠之妻不下堂。"光武帝听后，对湖阳公主说："事情无法成功了。"

赵祖斫笠，楚子投醪　五代时南唐齐王李景达攻打六合，赵匡胤率军抵御，击溃了南唐军队。战中，有畏敌退缩的将士，赵匡胤就假装督战，斫破他们的皮笠。第二天寻找有剑痕的皮笠，找出了几十人，便下令全部斩首。从此，每次作战，士兵没有不尽力死战的。春秋时，楚国攻打宋国，正值天寒地冻，士兵都很冷。楚庄王说："我不能为大家分担寒冷，感到很痛心。"将士都很感动。正好有人给楚庄王送来一些酒，楚庄王将酒倒进河里，让将士们喝河里的水，并说："这样也许还不能把军队犒赏遍。"将士备受感动。

长康翳柳，禄山咏桃　晋顾恺之，字长康，很相信旁门左道。桓玄曾用柳叶骗他说："这是蝉隐蔽自己的树叶，遮蔽人，也同样可以。"顾恺之拿过柳叶遮在身上，桓玄就装作看不到，当着他的面小便。于是顾恺之相信桓玄没法看到自己，因而非常珍视那片柳叶。唐安禄山好做诗。叛唐后，一次他赏樱桃给儿子，做诗说："樱桃一篮子，半红复半黄。一半与怀王，一半与周贽。"左右说："皇上的诗做得确实好，但把末句和第三句掉换一下，在押韵方面更加稳妥。"安禄山大怒说："我的儿子怎能排在周贽后面！"

焚券收债，书扇偿逋　战国时，冯谖为孟尝君到薛地去收债，他假传孟尝君的意思，当众烧掉了债券。孟尝君知道后责备他，冯谖说："你府中什么都有，只缺少仁义，现在我为您买回来了。"后来孟尝君落难回薛，薛地百姓夹道相迎，孟尝君才知冯谖的心意。苏轼在杭州任知府时，有个拖欠税款的人，苏轼问他原因，那人说："家中以制扇为业，天气寒冷卖不出去，不是故意拖欠。"苏轼说："你把扇子拿来。"便执笔在扇子上作草书和枯木竹石，那个人一走出府门，扇子就以一千钱一把被人买去，因此把拖欠的税款都还清了。

神酬玉枕，鬼赠珠袍　《幽明录》载：沈纵家境贫穷，和父亲进山，看到一个像是大官的人，那人远远地就叫住他们。沈纵问他是何贵人，他说："斗山王。"沈纵便叩头请求赐福，斗山王送他一个玉枕，此后万事如意。《列异传》载：谈生已四十，仍无妻子。一天半夜来了一位女子，自愿做他的妻子，并说："三年之内夜里不要用火光来照我。"后来生了一个儿子。两年后，谈生忍不住了，看妻子睡着了，就用火照她，只见她上身已经长肉，但下身都是枯骨。妻子惊醒后说："你辜负了我，现在我不得不和你永别了。"走时送他珠袍一件，并把谈生的衣襟撕下一块作为纪念。谈生拿着袍子去卖，睢阳王买了并问他袍子来历，谈生以实相告。睢阳王说："这是我亡女的袍子。"打开其亡女的棺材一看，有谈生的一块衣襟。

君谟啮镞，吕锜伏弢　隋末昝君谟擅长射箭。有个叫王灵智的人向他学习射箭，不久认为都学会了，就想射死昝君谟独占善射的美名。当时昝君谟无弓箭，只有一把短刀，箭来就用刀拦截，最后一支则张口咬住，并咬断箭头。他说：“你只学了怎样射箭，我还没教你如何咬箭呢！”春秋时，晋、楚鄢陵之战中，晋将吕锜用箭射中了楚共王眼睛。楚共王召来养由基，给他两支箭去射吕锜。养由基一箭就射中了他的脖子，吕锜伏弢而死，养由基拿着另一支箭去复命。

焚车阮裕，饷砚蒯鳌 晋阮裕，字思旷。他曾有一辆好车，别人来借都能借到。有个人母亲死了，想借阮裕的车却不敢说，阮裕知道后叹道：“我有车，人却不敢借，要车还有何用？”就让人烧了它。宋蒯鳌，宣城人，重视信义。他有一方龙尾砚，有个友人想要却没有说出口。友人不辞而别，蒯鳌追去把砚送给了他。

封绫秀实，悬丝山涛 段秀实从泾州被召到京城去，临行时告诫家人：“你们若经过岐这个地方，朱泚定会赠送礼物，千万不可接受。”经岐地时，朱泚果然派人送来三百匹大绫，家里人拒绝不成，只得收下了。段秀实知道后大怒，说：“不能因为这个玷污了我家门第。”就把绫封好放在公堂的大梁上。朱泚来京，取绫来看，见原封未动。晋鬲县县令袁毅在任时，常赠东西给朝中人以求得名誉。他曾赠吏部尚书山涛一百斤丝，山涛就接受了，但把它悬挂在梁上。袁毅事情败露，官吏找到了袁毅的赠丝，上面积满了灰尘，但完好如故。

五 歌

鬼怖螃蟹，民拜骆驼 关中没有螃蟹。宋神宗元丰年间有人偶得一只干蟹，人都认为是怪物，谁家有人生病，就借去把这只干蟹挂在门上，病就好了。可见不但人不认识螃蟹，连鬼也不认识螃解，怕螃蟹呀！宋建隆初年，宋军进军湖南。澧水边的百姓不认识骆驼，妇女见了宋军的骆驼，竞相围观。有些人一边拜一边祈祷：“山神显灵，希望降福保佑。”看见骆驼迫近自己，又逃开说：“卑下小人，不敢劳动山神下降。”那些人捡起骆驼粪，串起来戴在脖子上，来祈求消除兵灾。

子龙息鼓，遇春挺戈 曹操与刘备争夺汉中，赵云看见曹军追到，便大开营门，偃旗息鼓。曹军怀疑有埋伏，准备撤退，不料赵云突然擂鼓震天，向曹军射箭，曹军惊骇，自相践踏，掉到汉水中淹死了很多人。第二天刘备来到赵云营中，查看作战的地方说："子龙(赵云的字)一身都是胆啊！"就封赵云为虎威将军。明常遇春，初为刘聚部将，后归顺朱元璋。后朱元璋率军攻采石矶，久攻不下，常遇春赶到，朱元璋手一招，常遇春就挺戈向前，跳上了采石矶，防守元兵纷纷逃窜，于是攻下了采石矶。

辞璧崔挺，委珠子阿 北魏崔挺为光州刺史时，有个老人对他说："我曾出使林邑，得到一块美玉，藏于海岛已六十载，现遇您，愿意献上。"被崔挺拒绝。东汉钟离意，字子阿。他任尚书时，交趾太守因受贿被判罪，皇帝命人把赃物没收，遍赐群臣。钟离意将其丢在地上，也不拜谢赏赐。皇帝奇怪，就问为什么，钟离意说："我听说孔子过盗泉而不饮，曾参闻县名胜母而不入，都因为厌恶它们的名字。这些污秽的宝物，我实在不敢要。"皇帝叹服。

乞师荀灌，托佣小娥 晋荀崧守襄城，遭到围攻。荀崧的女儿荀灌当时十三岁，率领几十勇士突破重围，向平南将军石览求救。援兵一到，叛兵就退却了。《广舆记》载：谢小娥幼年就有志向和操守，长大后嫁给了段居贞。其父和其夫一起经商，半路上被强盗申春、申兰所杀。谢小娥就装作男人，到申家做佣人。一天晚上，谢小娥割下了申兰的头，并大喊"抓贼"，乡人把申春也逮送官府，谢小娥报了仇后，做了尼姑。

邵谒遭扑，李广被诃 唐邵谒曾做过县吏。一次，县令有客来访，三次使眼色让邵谒搬椅，邵谒未动。县令大怒，大声责骂他。邵谒瞪着县令说："县吏就是为县令搬椅子的吗？"县令便令人打他。

邵谒愤然离去，他发奋读书，以诗文闻名于世。李广在家赋闲几年，常夜里带着随从出去和别人饮酒。一天晚上，回来路经霸陵，霸陵尉呵斥李广停下。随从说：“这是以前的李将军。”霸陵尉说：“现在的将军都不能夜行，何况是以前的！”因此李广留宿于亭下。李广重新得势，杀了霸陵尉。

断靷郭宪，碎衣陈禾 汉郭宪，字子横。建武年间，光武帝想征陇西，郭宪苦谏无用。郭宪斩断了光武帝的车靷，光武帝仍执意亲征。此时颍川有人造反，光武帝只得返回，感叹道：“真后悔不听郭子横的话。”宋陈禾任御史时，在朝廷上揭发他人罪状，但话还没完，皇帝拂衣而起。陈禾一把拉住皇帝的衣服，请求皇帝听他说完，不想皇帝的衣襟被扯了下来。皇帝说：“你正气的言辞撕碎了我的衣服！”陈禾说：“陛下不惜自己的衣服被撕碎，我怎会吝惜自己的头颅呢？”皇帝为之改容。

景公治海，顺帝挑河 春秋时，齐景公在海上游乐，玩了很久不理朝政。他警告左右说："谁说回去，我就杀他。"颜蠋进谏道："大王以治理大海为乐，而不以治理国土为乐；若现在有人在治理您的国家，大王哪能如此快乐？"齐景公听了就急忙回朝了。元顺帝任命贾鲁为总治河防使，发动壮丁十七万，挖开黄河故道。此前黄河边流传着一首童谣："石人一只眼，挑动黄河天下反。"贾鲁果然挖到了一个独眼石人，不久红巾军大起。

六 麻

李藩批敕，阳城裂麻 唐李藩任给事中时，发现敕书上有不合适之处，就在末尾写上评语。属吏说："还是写在白纸上好。"李藩道："另写在白纸上的是文状，岂能叫作批敕？"裴垍上奏唐宪宗，认为他有宰相之才，于是李藩拜相。唐阳城曾任谏议大夫。一次，大臣裴延龄在皇帝面前诬奏宰相陆贽，皇帝大怒，便把陆贽贬到外地。阳城等人，上疏为陆贽辩护，指出裴延龄为奸佞小人。皇帝大怒，想定阳城之罪，幸亏太子营救，才免于一死。但是皇帝想拜裴延龄为相，阳城知道后说："若皇上拜裴延龄为相，我就把白麻纸（翰林学士起草的重要诏书皆用此纸）撕毁。"

安期食枣，徐光乞瓜 《史记·封禅书》载：李少君说自己曾游览海上，见到安期生，他以吃像瓜一样的枣为生。三国吴人徐光常在街上表演幻术。一天，他向卖瓜人讨瓜吃，卖瓜人不给，吴光刚要了瓜子种下，很快发了芽，最后开花结果。他把瓜都摘下来，请围观的人吃。卖瓜人查看自己的瓜，发现都不见了。

画狮光宝，绘马子华 《八朝穷怪录》载：顾光宝擅长绘画。有个叫陆溉的人患疟疾已一年多，顾光宝为他画了一只狮子，挂在门外，说："这幅画很灵异，你要虔诚祈祷，明天就能应验。"陆溉命家人焚香跪拜。半夜，户外有窸窣声。翌日，见新画的狮子口中和胸前鲜血淋漓，陆溉的病就好了。北齐杨子华在墙上画了一匹马，夜里听到有马哀鸣，就如要讨水草吃。人都称杨子华为"画圣"。

方朔献草，单父种花 相传种火之山上有梦草，藏在怀中，能梦见所思的人。李夫人死后，汉武帝很怀念她的音容笑貌，东方朔献上梦草一枝，藏于汉武帝怀中，果然梦见了李夫人，于是改名为"怀梦草"。唐宋单父家中植有牡丹千种，花开红白斗艳。皇帝听说此人，就把他召到骊山种花。他在骊山种花万株，颜色姿态各异。皇帝赐他黄金千两，宫中称他"花师"。

张果蝙蝠，杨戬虾蟆 张果，即张果老。唐玄宗很欣赏他，但不知他的底细，就问道士叶静能说："张果老是何人？"叶静能说："他就是混沌初开时的白蝙蝠精。"北宋杨戬，一天正在睡觉，一小偷进了他卧室，见一只虾蟆坐在床上，目露金光，不久，虾蟆又变成了杨戬。杨戬给小偷送了一个银香球，说："念你实在贫穷，就把这送给你。千万别说起你看到的。"小偷不敢接受，向杨戬拜了两拜走了。

字询杕杜，帖误枇杷 唐宰相李林甫不学无术，他问韦陟道："诗经上说的'有杕之杜'是何意？"韦陟知道他把"杕"字误认为"杖"字，不敢明说，只低头窃笑。明莫廷韩去拜访袁太冲，见一张礼帖，上写"琵琶一盒"，宾主看了大笑。这时屠赤水也来到了，得知后也大笑，说："枇杷不是此琵琶。"袁太冲说："只为当年识字差。"莫廷韩续道："若使琵琶能结果，定教管弦尽开花。"屠赤水对莫廷韩大加赞赏，常在人前赞誉他，莫廷韩因此知名于世。

商论乔梓，敷辨梨楂 伯禽和康叔去朝见周成王，然而，周公三次都鞭打了伯禽。伯禽和康叔不知原因，就求教于商子，商子说："南山的南面有种树木名叫乔，北山的北面有种树木名叫梓，你们为何不去看看？"于是他俩同去，伯禽和康叔看见乔木树枝高耸，而梓木却卑微地低着头。他们告诉了商子，商子说："乔代表父道，而梓代表子道。"第二天，伯禽和康叔又去见周公，快步上前跪倒。周公亲切地摸了摸他们的头，与他们一起进食。南朝宋张敷小名叫楂，他父亲张邵小名叫梨。宋文帝开玩笑说："楂比起梨来如何？"张敷说："梨乃百果之宗，楂怎么敢和梨相比呢？"

龟蒙斗鸭，渊材禁蛇 唐陆龟蒙住在震泽时，养有斗鸭。一次，有个使者来拜访，打死了一只鸭。陆龟蒙说："这只鸭能说人话，本来等到九月，我就要献给朝廷。"使者就用银两赔偿他，并问："它能说什么？"陆龟蒙答："能叫自己的名字。"宋楚渊材一次同郭太尉游园，他夸耀道："我家的禁蛇术很奇妙，只要一念咒，蛇就会听指挥，就像儿子一样。"不久，一条很凶猛的蛇爬过来，郭太尉叫道："楚渊材快施展法术！"楚渊材没施法术，却拔腿就跑，吓得厉害，说："这是郭太尉家的神蛇，是禁不了的。"

李崇俭约，王济豪奢 隋李崇官居尚书令，吃饭时只吃韭根和腌韭菜。门客李元祐说："李令公每次吃饭有十八种菜。"人问是哪些菜，他答："二九（'九'和'韭'是谐音）十八。"大家大笑。晋王济，字武子，是司徒王浑的儿子。一次，晋武帝光临王家，王济让奴婢一百多人穿上绫罗绸缎服侍。他家的烤乳猪异常鲜美，晋武帝问是何原因，王济说："我家的乳猪是用人奶养的。"晋武帝心中很不是滋味，回宫后，感叹道："实在奢侈，就连王恺、石崇也达不到这个地步！"

投枣报栗，除棘还瓜 南朝梁萧琛参加梁武帝的酒宴，喝醉伏桌上。梁武帝就用枣子打他，萧琛惊起，取栗回掷，打中了梁武帝的脸。萧琛叩头谢罪说："陛下投我以赤心之枣，我怎敢不报以战栗呢？"晋桑虞有个园子，瓜果成熟时，就有人来偷。桑虞见墙边有许多棘刺，担心刺伤偷瓜者，叫人除去棘刺。偷瓜者爬出墙头时，见墙边的棘刺都没了，知道是桑虞叫除去的，十分惭愧，送回了瓜，并叩头谢罪。

七 阳

牢不及帝，斗耻趋王 东汉牛牢，字君直，与光武帝刘秀是布衣之交。一天议论当时流行的谶语：“刘秀当为天子。”刘秀说：“怎能知道这刘秀就不是指我呢？如果真是指我，你们会有什么志向？”大家说了各自的志向，牛牢沉默不语。刘秀问他是何原因，他说：“大丈夫奉行大义，不与皇帝做朋友。”刘秀登上帝位，征召牛牢为官，牛牢称病未去。王斗是战国时齐国人，有一次他去见齐宣王，齐宣王叫人带他进来。王斗说：“我来见大王，表明我趋附权势；大王来见我，则表明大王喜求贤士。相比之下，哪一样对大王有利呢？”守门人报告了齐宣王，齐宣王说：“先生请稍等。”于是和大臣们一起去迎见王斗。王斗推荐了五个贤人，齐国依靠他们而兴盛。

高辛嫁犬，单于配狼 传说部落首领帝喾养了一条狗叫盘瓠。一次犬戎人来犯，帝喾许诺谁能获犬戎吴将军的头，便把小女儿嫁给他。结果盘瓠衔来了吴将军的头，帝喾不愿失言，只好兑现了。盘瓠背着“新娘”到南山，后来生下了六男六女。单于有两个女儿，单于说：“她们怎能和人相配呢？应该献给上天。”便在无人之处建了高台，把两女儿放在上面，说：“请上天来迎娶她们。”一只老狼日夜守在台边，长时间不去。小女儿说：“我父亲把我送给上天为妻，现在狼来了，这也许就是上天对我的安排。”就下台以狼为夫。

疗足元晦，医臂云长 宋朱熹，字元晦。他得了脚病，一道人为他针灸后顿感好多了。他厚谢了道人，并赠诗一首：“几载相扶藉瘦筇，一针还觉有奇功。出门放杖儿童笑，不是从前勃窣翁。”道人走了几日，朱熹的脚病复发了，比用针之前更厉害，就叫人马上找回道士，但已不知去向。朱熹叹息道：“我无意怪罪他，只想追回那首诗，免得它耽误了他人。”晚上他就梦见神仙对他说：“你的心意感动了上天。”醒来后脚病就全好了。关羽(字云长)曾被流矢射穿左臂，虽然痊愈了，可每到阴雨天常疼痛。医生说：“箭头有毒，毒进了骨头，应该割开手臂，刮骨去毒。”关羽正与众将一起吃饭，听了就伸臂让医生割开刮骨疗毒，虽然鲜血淋漓，刮骨有声，但他却谈笑自若。

武襄面涅，汾阳额光 宋狄青(谥号武襄)出身行伍，十多年后显贵，但面涅(宋军制，在军士脸上刺字，涅以黑色，以做标记)还在脸上。皇帝让他用药除去，狄青说：“陛下以军功提拔我，而不问门第，我才有今日。我要留下面涅，激励军中士兵。”从此皇帝更看重他了。唐汾阳王郭子仪，每逢升官，脸就会拉长二寸长，额头发出光气，很久才能复原。

崇圣太祖，尊师明皇 五代时，后周太祖去拜谒孔子祠。将拜，大臣说：“天子拜诸侯的大臣不合适。”太祖说：“孔子是百世帝王的老师，我岂敢不尊呢？”拜完孔子祠，又拜孔子墓，并禁止在孔子墓附近砍柴。又派人寻访到孔子和颜渊的后代，让他们做曲阜县令和主簿。唐明皇让马怀素和褚无量轮流教他读书。马、褚二人每到阁门，唐明皇总让他们乘轿进来，或特许在宫中乘马，还常亲自迎送，以待老师的礼节待他们。

郭亮营葬，庞淯临丧 汉汝南人郭亮是李固的弟子。李固因触怒梁冀被杀，并暴尸于街头。当时郭亮十五岁，乞求为李固收尸。皇帝不同意，郭亮就一直守在尸体边，不愿离去。夏门亭长呵斥他说：“你这迂腐的书生，难道要公然违反皇帝命令，遭官府刑讯吗？”郭亮说：“我郭亮含阴阳而生，头顶苍天，脚踏大地，为大义所动，怎么还会顾惜自己的性命呢？”太后被感动，允许他安葬李固。汉末庞淯曾任凉州从事，后任代理破羌县令。武威太守张猛造反，杀了刺史邯郸商。庞淯得知，赶到武威，身藏匕首，求见张猛，想杀掉他，但被抓住了。张猛知道他是节义之士，没有加害于他。从此庞淯以忠烈闻名。太守徐揖请他担任主簿。百姓造反,徐揖被杀,庞淯为徐揖收殓尸体,并护送他的灵柩回乡安葬,为他服丧三年。

太祖岸帻,高帝踞床 宋太祖召窦仪起草宪令,窦仪奉命来到苑门,见宋太祖衣冠不整,便不肯进去。宋太祖慌忙穿戴整齐,召他进见。窦仪说:"陛下刚刚创立天下大业,应该以礼仪昭示天下。刚才那模样如果让天下的豪杰知道了,恐怕会很沮丧的。"宋太祖为之改容。从此,宋太祖接见大臣总是衣冠整齐。一次,汉高祖来到驿站,叫郦食其一起吃饭。郦食其进屋时,汉高祖伸开腿坐在床上,郦食其说:"想灭秦就不该坐着接见长者。"汉高祖马上起身恭敬地请郦食其入上座,讨教灭秦大计。

高却献妇,杜辞选倡 唐时刘辟反叛,高崇文带军击败了他。刘辟的两个小妾被抓获,她们都是少有的美人,监军准备把她们献给皇帝。高崇文说:"天子命我讨伐反贼,应以安抚百姓为先,急忙献妇以求得宠幸,这是天子的意思吗?"就把她们许配给了没有妻子的将官。唐武宗听说扬州的妓女擅长行酒令,便令选几个进献。监军让杜悰一起挑选,杜悰不肯,监军告知了唐武宗。唐武宗却说:"选妓女入宫岂是圣朝天子所为?杜悰有大臣的样子,我很惭愧。"就下令立即停止挑选妓女入宫。

击瓮君实,斩丝高洋 司马光,字君实。小时候,与小朋友玩耍时,一小孩掉进水瓮中,司马光用石头掷击大水瓮,水瓮破了,水流了出来,那个小孩就得救了。有人以此为题材,作了一幅《小儿击瓮图》。南北朝时北齐开国皇帝高洋虽然很聪明,但外表看起来很愚钝,只有高欢认为他是奇才。一天,高欢让他们各自整理乱丝。别人都仔细整理着,高洋却斩断了它们,说:"乱的东西一定要斩断它。"

刃婢张后,杀妾齐姜 司马懿为了避祸,声称有风湿病,卧床不起。一次晒书时遇上下雨,他收书时,被婢女看见。司马懿之妻张氏(后来被晋武帝司马炎追赠为太后)怕事情泄露,便杀了婢女,自己下厨做饭。春秋时，晋国公子重耳因受晋献公宠妃骊姬的诬陷而逃亡到齐国，齐桓公把女儿姜氏嫁给了他。重耳很满足，可他的跟从认为不能这样，打算离开齐国，便密谋。被女奴听到告诉了姜氏，姜氏杀了女奴，并劝说重耳发愤图强，重耳不听，姜氏便和重耳的随从们定计，把重耳灌醉后送出了齐国。

象慨矮屋，群夸美庄 唐张彖中进士后任华阴主簿，备受压制。他叹道："大丈夫有凌云壮志，却只做一小官，好像立在矮屋之下，使人抬不起头。"就弃官而去。唐崔群主持科举考试后回家，妻子让他置些庄田。崔群说："我有庄园三十处，去年春天榜上有名的那三十人便是。"妻子说："你不是陆贽的门生吗？现在你执掌科举考试的大权，却不让陆贽的儿子考试；陆贽若把你当作庄园，那么现在陆家的庄园一定荒芜了。"崔群哑口无言。

武帝碎枕，太祖毁床 南朝宋武帝生活简朴，清心寡欲。有人曾献给他一只琥珀枕。当时要征讨北方，琥珀能治刀伤，宋武帝让人把琥珀枕打碎，分给将领。朱元璋打败了陈友谅，有人以陈友谅的镂金床进献，朱元璋说："这床与孟昶的七宝溺皿比如何？陈氏穷奢极欲，怎能不败呢？"

就令人把这张床毁掉了。

泽奇武穆，白救汾阳 宋岳飞刚投身军伍时，犯了法，快要问斩时，宗泽看到了他说：“这可是大将之才啊！”就救下了他，让他立功赎罪。岳飞后来成了一代英雄。李白在并州，遇郭子仪，觉他非同凡俗。郭子仪犯了法，李白出面相救，免于一死。后来郭子仪因军功被封为汾阳王。

百口保滉，十族诛方 唐时有人诬告韩滉谋反，皇帝召问李泌，李泌说：“韩滉生性刚正严肃，不攀附权贵，所以会有人毁谤。其子韩皋在朝中任郎官，不敢回去看望父亲，就是诽言太多的缘故。我愿以百人性命担保韩滉不会造反。”皇帝也就作罢。明成祖推翻了建文帝而自立，让方孝孺起草诏令昭示天下，方孝孺不从。明成祖大怒道：“你难道不顾九族人的性命吗？”方孝孺说：“你就灭我十族又能如何呢？”明成祖更加恼怒，于是命令株连方孝孺九族及朋友门人，共八百三十七人。

伯宗药箭，彦章铁枪 东汉耿恭，汉明帝时任戊己校尉。匈奴人攻打金蒲城，耿恭把毒药涂在箭上，给匈奴人说：“汉朝的箭是神箭，被射中的人会有异状。”发强弩射击匈奴人。匈奴人见中箭的伤口往外冒气泡，大为惊慌，互相转告说：“汉兵的神箭真可怕啊！”便撤军而去。五代王彦章，勇力绝伦，能赤脚在有刺的竹子上走一百多步。作战时，总拿着一杆铁枪驰奔，纵横军中，号为“王铁枪”。

白嫌负贺，谧耻饯梁 唐白敏中是白居易的堂弟。有一次科考，主考官想取白敏中为第一名，但不满他和贺拔惎为友，想让他和贺拔惎绝交。不久，贺拔惎拜访白敏中，其家人说白敏中出去了，白敏中听说贺拔惎来访，却急忙出来迎接，说：“我怎能因为区区功名而不理睬老朋友呢？”晋皇甫谧修身养性，专心学问。他堂姑的儿子梁柳到外地去做官，人劝皇甫谧设宴为梁柳送行，皇甫谧说：“梁柳贫寒时与我交往，送迎不出大门，吃的不过是咸菜。现在我若设宴送他，那是看重他厚禄而看轻他本人啊！这样做，我于心不安。”

散豆赚婢，掷巾渡郎 晋郭璞有道术。他路过庐江太守胡孟康家，喜欢其一个婢女，但苦于无法到手。他就取出红豆三斗，念起咒语作法。胡孟康忽然看到上千个红衣人包围了他的房屋，请郭璞为之占卜。郭璞说：“你家里不宜养某个婢女。如果在东南二十里外卖了她，这股妖气也就根除了。”胡孟康听从了。郭璞安排好人等候在此买回了婢女，他又做灵符投入井中，红衣人就都投井自尽了。《列仙传》载：崔山碰到一位仙女，结为夫妻。他有妻子给的隐形符，一次闯入宫中游逛，不料被术士识破，遭到追捕。崔山逃还山中，官兵紧追不舍。崔山忽然隔山涧看见妻子，告诉她原委，妻子就抛过五色巾，把崔山给接过去了。

八　庚

卖卜季主，行乞董京 汉司马季主学问广博，见识高远，隐居于长安市井，宋忠和贾谊遇见他后，叹为奇人，问他为何不求闻达。司马季主道：“骐骥不与疲驴共驾一车，凤凰不与燕雀同群，而贤人不与不肖者同列，我才宁愿如此。你们这些随声附和的人，又怎么会懂得这些道理呢？”晋董京，来到洛阳整天披头散发，游走城中，吟咏不止。还常行乞，得到一些破布破棉絮，就缝连起来披在身上。孙楚几次碰到他，觉得他是个异人，便带他回家，几年后，董京逃走了。

汉如敌国，勣若长城 东汉吴汉，性格刚强，经常随光武帝出征。有时战事不利，他镇定自若，抓紧整顿军队，鼓舞士气。光武帝常派人去探视吴汉。一次，他问使者道：“大司马在做什么啊？”使者报道：“他在修造战具呢。”光武帝感叹道：“只有吴汉还差强人意，他的威重就像一个势力相等的国家一样。”唐徐勣在并州任官十六年，令行禁止，老百姓很佩服他。皇帝说：“隋炀帝筑起长城，借以防备突厥，却毫无益处。我只在晋阳派驻了一个徐勣，边境却长期安然无事。这座长城，才真正雄壮啊！”随后徐勣被提升为兵部尚书。

高允矫矫，徐宣铮铮 北魏高允常直言劝谏，其友游雅说：“高允学识精深，然而外表柔顺，口齿笨拙。嘲笑他缺乏矫矫风节，我也那样认为。后来崔浩获罪，皇上降旨责备，崔浩声嘶腿颤，几乎说不出话来。朝臣中只有高允实话实说，侃侃而谈，皇上为之动容，这难道不是矫者吗？百官都趋走拜谒当权之势，唯独高允在阶前一揖而止，这些不是气节的表现吗？”汉徐宣起初追随刘盆子，后来投靠了光武帝。光武帝问他：“你投靠我，不会后悔吧？”徐宣磕头道：“如今我投降于陛下好比回到慈母身旁，又惊又喜，一点也不会怨悔。”光武帝道：“爱卿真可称得上是铁中铮铮、佣中佼佼者。”

刘非求媚，范岂徇名 明刘斯洁，嘉靖进士，宰相张居正痛恨尚书朱衡，让刘斯洁陷害他。刘斯洁却笑道：“我怎能为求媚去杀人呢？”宋范镇，官至翰林学士，后因对新法意见与王安石意见不合，便归隐了。苏轼说：“范公您虽隐退，声望却更高了。”范镇道：“如果天下苍生遭到祸害，而我却享受美名，我于心何忍啊！”

浩叹羊祜，狂笑晏婴 晋羊祜上书请求讨伐吴国，贾充不赞同。羊祜叹道：“天下不如意的事常常是十有八九！老天给予了却不取，岂非当事者遗恨于后世！”齐景公设宴于泰山，向西眺望良久，不禁落泪道：“我快要离开这堂堂大国而死了！”有三个陪同哭了起来。晏子却大笑。齐景公大怒道：“你笑什么？”晏子道：“我看见一个怯懦的君王和三个阿谀的臣子，所以大笑。”齐景公听后惭愧不已。

孔觊辞米，王琎埋羹 孔觊，南北朝人。一年闹旱灾，京都米价很高，孔觊的弟弟孔道存担心哥哥缺粮，就派人载了五百斛送给他。孔觊叫来送粮的官吏，对他说：“我在你那地方当官三年，也没有多少积蓄；我弟弟到那没多久，哪来这么多米呢？把米送还给他吧。”

那官吏说："从古到今，没有载米逆流上行的。就请在这儿卖了这些米吧。"孔觊不听，官吏只好载米回去了。明王琎，字器之，曾任宁波知府，生活节俭。一日见桌上有碗鱼羹，王琎就怒骂妻子道："忘了吃草根的日子了吗？"让人把它埋了。人们因此称他为"埋羹太守"。

裴侠独立，樊哙横行 后周裴侠，字嵩和。他任职河北时，一次入朝，周太祖让他独站一边，说："裴侠清廉谨慎，奉公守法，可为天下之最。有和他一样的，就请与他站于一处。"大家都沉默无语。朝野叹服，称裴侠为"独立使君"。汉吕后当权时，单于致书朝廷，傲慢无礼，吕后想发兵攻打匈奴。樊哙说："我希望能率领十万兵马，横扫匈奴。"

遘勤扶掖，皞略送迎 唐萧遘和王铎同为宰相。王铎年迈，一次走台阶时不慎跌倒，萧遘扶起了他。皇帝见了，高兴地说："大臣和睦是我的福气啊。"又对萧遘说："刚才见你扶起王铎，你可称得上善于侍奉长者。"萧遘道："我扶王铎并不仅是因为我善于侍奉长者，我其实是他的门生啊。"皇帝笑着说："王铎选进士，我选宰相，爱卿不要辜负我啊！"五代桑维翰是裴皞在礼部任职时选中的进士。桑维翰做宰相时，曾去访拜裴皞，裴皞对他不迎不送。问其原因，裴皞答道："我们在书中相见，两人是同僚；我们在家里相见，他是我的门生，要迎送干什么呢？"

读卷王沔，改韵冯京 宋王沔，字楚望，端拱初年参与国家大政。皇帝每次考查举人，常常让王沔朗读试卷。王沔向来善于朗诵，即使文章平平，经他一读也无低劣。凡试卷经王沔读过的，其人多能高中。那些要纳卷的举子，定会祈祷道："要是能得王楚望一读，那就再幸运不过了。"宋张舜民参加春试，当时冯京主持考试，以《公生明》为赋题，张舜民却误押了"明"字韵。考试结束后，他自知落第无疑。哪知放榜时却名列第四，他以为是主考官马虎所致。多年后冯京置酒宴招待张舜民。席间，冯京道："当年我做主考时，你的赋中重叠用韵，由于论策极好，为你改去了错误，选为优等，不知是否还记得？”张舜民的酒杯落入怀中。

示儿康节，责子渊明 宋邵雍（谥号康节）有《示儿》诗道：“我今行年四十五，生汝乃始为人父。鞠育教诲诚在我，寿夭贤愚系于汝。我若寿年六十岁，眼前见汝一十五。我欲愿汝成大贤，未知天意肯从否。”陶潜，字渊明，有《责子》诗道：“白发被两鬓，肌肤不复实。虽有五男儿，总不好纸笔。阿舒已二八，懒惰故无匹；阿宣行志学，而不爱文术；雍端年十三，不识六与七；通子垂九龄，但觅梨和栗。天运苟如此，且进杯中物。”

射奸沈练，刺仇景清 明沈练因弹劾严嵩父子获罪，遣往保安。保安人敬慕他忠义，都遣子弟就学于他的门下。沈练常和弟子们大骂严嵩父子专权误国，并扎了三个草人，分别称为李林甫、秦桧和严嵩，用箭射它们。严嵩父子得知，诬告他谋反，沈练下狱而死。明燕王朱棣率军攻入南京，代建文帝而自立。方孝孺等人都殉节了，景清却归顺了。一次朱棣下朝时，景清怀藏利刃准备行刺，结果被逮。朱棣责问他，景清说：“我是想为故主复仇！”朱棣大怒，下令灭了他全族。

周处改行，孙忭更名 晋周处勇力过人，但品行不端，乡里人对他又恨又怕。他问父老：“现在年成很好，但为何大家都高兴不起来呢？”父老说：“三个祸患没有除去，怎么高兴呢？”周处问是哪三个祸患，父老说：“南山上的白额虎、长桥下的恶蛟和你。”周处大为羞愧，斩蛟射虎，拜陆机和陆云为师，最终以节义著名。宋孙忭，原名孙贯。他曾说：“我参加考试时路过长安，梦见自己登上了一座塔，塔上有个拿着来年春榜的人，我想看看，但他没给，只好问他有没有叫孙贯的，他说有个叫孙忭的是第三名。醒来后，我就叫孙忭了。”

九 青

韩心王室，张志朝廷 宋韩琦镇守陕西时，上疏恳切地陈说青苗法的弊端。上朝时皇帝将奏折给执政大臣看，说："韩琦真是忠臣，在外也不忘王室。"宋张知白任京东转运使时，有瑞星出现，群臣进贺，张知白认为以推行德政来应上天，于是奏陈治国之道。皇帝听后说："张知白称得上对朝廷忠心耿耿。"

长房骑杖，冷谦隐瓶 汉费长房学道术于壶公。回家时，壶公给他一枝手杖说："骑上它就能回家了。"费长房骑上手杖，觉得像睡觉一样，醒来就到家了。到后把手杖扔在葛坡上，手杖就化成一条青龙。明洪武初年，有人向冷谦要求救济，冷谦在墙上画了一扇门，那人进门一看，满是金银财宝，于是尽情拿取，但找不到出来的路。几天后皇宫的府库发觉丢了财物，就找到了那人，牵连出了冷谦。冷谦说："请给我点水解渴。"官吏给他一瓶水，他就躲进水瓶中去了。官吏拿着瓶子向皇帝交差，皇帝问话，冷谦就在瓶中作答。皇帝砸碎了瓶子，但每片碎片还会说话。

道宗被殴，黥布就刑 唐贞观年间，一次宫中设宴会，尉迟恭与人争座，李道宗被打，几乎打瞎了一只眼。唐太宗很生气，就罢了宴席，对尉迟恭说："我想与你共享富贵，而你做官后却数次犯法，你应知道韩信和彭越被杀，不是汉高祖的过错。"尉迟恭害怕了，从此自律甚严。秦末英布，因受过黥刑，又称黥布。少年时，有位客人为他看相，说："你应受刑而称王。"长大后犯了法，英布安然地受了黥刑，说："别人为我看相，说我当受刑而称王。"后来被刘邦封为九江王。

福请抑霍，咏乞斩丁 汉宣帝时霍光专权，徐福上书皇帝，恳请抑制霍光的权势。三次上书，皇帝没反应。霍光死后，霍氏被满门抄斩，告发霍光罪行的人都被封官，只有徐福没获奖赏。有人为此上

书道:“有个宾客见主人家灶旁堆着许多干柴,就劝主人移走以免失火。主人不听,后来果然失火。主人厚待救火的人,却没想到那个劝他移走干柴的宾客。”皇帝看后就明白了,厚赏徐福。宋张咏临死前上疏皇帝,不该大造宫观,这都是丁谓欺骗皇帝的结果,请皇帝先斩丁谓之头以谢天下,再斩张咏的头以谢丁谓。皇帝叹其忠义,赐谥号为忠定。

韩亿索杖,陈咸触屏 宋韩亿教育子女很严格。任官亳州时,在西京任舍人的二儿子韩综回来,韩亿设宴邀请亲友聚会。席间有人问韩综:“西京有件上报朝廷定案的疑案,其详细情况如何?”韩综答不出来。韩亿大怒道:“你吃朝廷俸禄,事无巨细都要当心。现在这样的大事尚且记不得,那么小事就可想而知了。”向家人要来杖板准备打儿子一顿,众人苦苦劝解方才作罢。汉陈咸是陈万年的儿子。一次陈万年生病,命陈咸在床旁受教。谈到半夜,陈咸瞌睡难耐,头撞在了屏风上面。其父大怒,说:“你父亲辛辛苦苦教导你,你却昏睡过去,这是为何?”陈咸磕头谢罪道:“你说的我全部听到了,是教我如何奉承拍马的。”陈万年不再说话了。

平公墨墨,仁宗惺惺 春秋时,晋平公闲坐,师旷陪坐。晋平公说:“你是个瞎子,眼前墨墨(黑暗貌)。”师旷说:“天下有五大墨墨,我都不在内。”晋平公问他:“什么是五大墨墨?”师旷说:“官员们贪污腐败,百姓有冤无处申,这是第一种墨墨;忠臣不被重用,被重用的臣子不忠,这是第二种墨墨;奸臣欺诈国君,使府库空虚,人才被埋没,这是第三种墨墨;国家贫穷,百姓穷苦,上下不和,却喜欢挑起战争,这是第四种墨墨;法令得不到执行,吏民行为不端,这是第五种墨墨。而我个人的小墨墨,对国家能有什么损害呢?”宋嘉祐初年,宋仁宗得了病,久治不愈。后来有民间医生应召治病,用金针从仁宗后脑刺入,拔出来时仁宗就张开眼睛说道:“好惺惺(清醒貌)。”第二天病好了。此后,人们就把扎针的穴位称为惺惺穴。

十 蒸

魏侯冒雨，汉帝渡冰 战国时，魏文侯一次与虞人约定一起打猎，但到了那天却下起大雨。魏文侯准备践约，左右劝道："雨下得这么大，您就不要去了吧。"魏文侯认为不能失信，仍冒雨赴了约。汉光武帝刘秀被王郎军队追击。逃到了离滹沱河不远的地方。探子报告说，滹沱水水流很急，没船不能渡过。刘秀又派王霸去看，王霸看了后生怕众人惊恐，回去谎称："河面上已结坚冰，人马能走过去。"大家到了河边一看，河面上真的结了冰，但刘秀等几个人刚过去冰就化了。

弭盗公亮，纵囚元膺 宋曾公亮任郑州知府时，辖境内的盗贼都逃到别处去了，故民间路不拾遗，夜不闭户。一次，有个使臣在郑州境内丢了财物，就写信告诉曾公亮。曾公亮回信说："我的辖境内盗贼无法藏身，大概是您的随从干的吧。"经追查，果然如此。唐吕元膺任荆州刺史时，很有恩德信义。有一年底点检狱中囚犯，一囚犯流泪说："我有老母在堂，过年了却不能相见。"吕元膺怜悯他，就放他回家过年。年后，那个囚犯就如期回到了监狱。

撤关胡厉，闭门汜腾 金胡厉任同知深州军事时，按惯例要配备弓箭手一百多名。胡厉解雇了这些弓箭手。有谣传说某日匪徒将杀死胡厉，有人劝胡厉稍做防备，胡厉说："匪徒要的只是钱财，而我这么穷，有何妨呢？"撤去了官署中的岗哨。至期果然无事。晋汜腾曾任郎中，后辞官回乡，闭门谢客，以弹琴读书自娱。张轨征召他为府司马，汜腾坚决推辞道："门一关，岂可再开！"

碎碑陈敏，夺剑张陵 宋陈敏任台州知府时，朝廷命令他立元祐党籍碑，陈敏不肯立。他说："诬蔑司马公（即司马光），就等于诬蔑上天。”后来陈敏的属吏把碑立了起来，却被陈敏敲碎。有人归罪于陈敏，陈敏说：“我死都不怕，还怕弹劾吗？”就挂冠而去。汉张陵，桓帝时任尚书。元嘉年间正月十五群臣朝贺，梁冀带剑入殿，张陵令卫士夺下梁冀的剑，梁冀跪下谢罪，但张陵不理睬，奏请由廷尉来论罪。皇帝下诏扣除梁冀一年的俸禄来赎罪。从此百官肃然。

安石须虱，平叔鼻蝇　宋王安石衣服脏了经常不洗。王安石与王禹玉一同上朝，一只虱子沿王安石衣领爬上来，直爬到他的胡须上。皇帝看着王安石直笑，王安石却不知何事。退朝后，王禹玉告诉了王安石。王安石要掐死虱子，王禹玉阻止说：“这个虱子啊，非同一般，它曾在宰相胡须里畅游，曾被皇帝圣目所览。说起它的经历，十分奇特，为什么要灭了它呢？”三国何晏，字平叔。他梦见许多青蝇停在鼻子上，醒后就向管辂问梦。管辂说：“鼻代表天的中央，青蝇是闻臭味而聚；恐怕某一身居高位的人要倒霉了，你不可不深思熟虑啊。”第二年，何晏果然被杀。

改姓陶縠，讳名田登　宋陶縠，小字铁牛。李相涛曾写信给陶縠说：“每次过河时，我就会想起您的美德。”陶縠想明白李相涛话中所指，原来河中有唐张说铸造的用来负桥跨河的铁牛。宋田登任汴州知州时，很忌讳别人提他的名字，其手下和百姓多有因此被鞭打的。汴州人只好将灯称为火。元宵节放灯时，主管这样写道：“本州依例放火三日。”

宋陷仁肇，汉间范增　南唐林仁肇曾任南都留守，宋人很忌惮他。侍从偷得了林仁肇的画像，把画像挂在一幢房子里，并带南唐的使者来看。宋人故意问是谁，使者说：“这是林仁肇。”宋人便说：“林仁肇想投降，先拿了这幅画像来作为信物。”又指着房子说：“这房子是要赐给林仁肇的。”使者回去告诉了南唐国主，南唐国主不知这是离间计，就毒死了林仁肇。楚汉相争时，项羽和谋士范增率军围困荥阳，刘邦很担心，就采纳了陈平的离间计。项羽的使者来时，刘邦命人备了丰盛的酒席，见了使者假装惊讶道：“我以为是亚父（项羽对范增的尊称）的使者呢！”便换了很差的饭食来招待。使者回去报告了项羽，项羽怀疑范增与刘邦暗中勾结，就疏远了范增，范增愤然而去。

虞拟裴度，晟慕魏徵 宋虞允文，字彬甫，绍兴年间累官中书舍人。朝廷派虞允文到采石矶去犒劳守军。虞允文到采石矶时，恰逢金军来攻，守军新任统帅未到任，形势危急。虞允文立刻指挥战斗，大败金军。捷报传来，皇帝称赞道：“虞允文天性忠直，真是我的裴度（唐时的贤相）啊！”唐李晟累官司徒，后免职出镇凤翔。他说：“魏徵敢于直谏，我私下里很钦慕他。”行军司马李叔度说：“那是读书人的事，以您的勋德何必要钦慕他呢？”李晟严肃地说：“司马你说错了。我一身兼任将相，明知政治的得失却不发表意见，这哪是做臣子的样子？”李叔度惭愧而退。

十一　尤

让韩独步，放苏出头 苏轼认为唐代没有出色的文章，只有韩愈的《送李愿归盘谷序》例外，苏轼一直想模仿韩愈的这篇文章自己也来做一篇，但提笔又罢，笑道：“不如暂且让韩愈独步天下。”苏轼曾带着作品去拜见欧阳修，欧阳修看完后对梅尧臣说：“我应当避让地方来让这人出头。”

仁贵虓将，仲康虎侯 唐太宗率兵攻打安市城，高丽人拼命抵抗，太宗命令各位将领分头攻打。薛仁贵自恃骁勇，一心要立奇功，就穿了白衣攻城，勇不可当，士兵们也乘机攻进城去。高丽军败。唐太宗很高兴，说：“我不是高兴得到了辽东，高兴的是得到了一员虓将。”于是薛仁贵被封为右领军中郎将。三国许褚，字仲康，容貌雄奇，勇力绝伦。他跟随曹操到潼关去攻打韩遂、马超时，曹操与马超相会说话，只有许褚跟着。马超想突然袭击曹操，但又怕许褚的勇

武。就问曹操:"您有个虎将在哪里呢?"曹操回头一指许褚,许褚圆睁怒目盯着马超,马超不敢妄动。军队中因为许褚勇力如虎,为人赤诚近于痴,故称他为"虎痴"。

张守挞虎,顾令判牛 《青琐高议》载:张侍郎守郓州时,郓州有虎害人,张侍郎令差役拿着令符去捕虎。虎竟跟着来到了衙门。虎看见张侍郎,蹲伏在地上。张侍郎列举虎的罪状,鞭打了老虎一顿,限定他三天内出境,否则格杀勿论。虎离去了,死后化为石头,现在被称为"虎石"。南朝宋顾宪之曾任建康县令。有小偷与主人争牛,都说是自己的牛,两人证据相当,顾宪之就核查诉状,命人解开牛绳,放任牛走,结果走回了主人的牛圈,盗牛者只好服罪。

媚臣誉树,佞相斫榴 唐宇文士及跟随唐太宗外出,途中在一棵树下歇息。太宗喜欢那树,宇文士及也对那棵树赞叹不已。太宗正色道:"魏徵常劝我远佞人。我不知道佞人是谁,心中老怀疑是你,现在发觉果真不错。"宇文士及连忙磕头谢罪。秦桧做宰相时,都堂前石榴树每当结了果实,秦桧就会默记在心。一次,秦桧偶然发现树上少了两颗石榴,他故作不知。忽然令人砍掉石榴树,一个随从忙说:"这树结的果实味道挺好,砍了可惜。"秦桧笑道:"那么偷吃我的石榴的人是你了。"随从大惊服罪。此后,秦桧的手下人都不敢作弊了。

子厚僦舍,邦昌登楼 宋章惇,字子厚。他很讨厌苏轼,任丞相后就把苏轼贬为雷州司户。他不许苏轼住官舍中,苏轼只好租房居住。章惇又以夺取民房为理由诬陷苏轼,但因有租约为证,苏轼才得以免罪。两年后章惇也被贬雷州,想租屋,百姓说:"以前苏公来租屋,被章丞相所诬陷,几乎连累我破家。现在不能租屋给你了。"章惇后悔莫及说:"过去害人,今天却害了自己。这天理的报应,来得这么快啊!"宋张邦昌住在郡中的天宁寺中。寺中有座平楚楼,其名字取自唐沈传师诗中"目伤平楚虞帝魂"一句。后来朝廷派侍御史马绯来潭州宣布皇帝令张邦昌自尽的命令,张邦昌不愿自尽。官吏催促他登楼，张邦昌一抬头，忽然看到“平楚”两个字，长叹一声，悬梁自尽了。

崔比王谢，昱拟巢由 唐崔湜与弟弟崔液、崔澄以及堂兄崔涖，都因文辞出众而官居要职。崔湜常私下将自己家比作东晋的王、谢世家，还说：“我们一家在官场上担任过各种官职，能说是天下第一了。大丈夫应当占据权位以控制他人，怎能被他人控制呢？”宋郭昱在后周显德年间中了进士，入宋后耻于参加定期选拔，就写了一封信给宰相赵普，自比为上古隐士巢父、许由。群臣都很厌恶他的矫情，因此久久不予升迁。后来郭昱拦车求见赵普，他不顾车后尘土，拜倒在地。赵普笑着说：“今天真荣幸，能得到巢父、许由在马前叩拜。”

筑扑秦帝，琴撞魏侯 战国末高渐离和荆轲是朋友。后来秦朝建立，嬴政自称始皇帝。高渐离改名换姓，秦始皇听说他善于击筑，就让人熏瞎他的眼睛，让他入宫击筑。高渐离见秦始皇没有了戒心，就在筑中放置了铅块，趁秦始皇靠近时举筑猛打，但没打中，之后高渐离被处死了。战国时魏人师经擅长弹琴，一次他为魏文侯弹琴，魏文侯随琴声起舞，并说：“希望我的话没人反对。”师经听了就拿起琴来撞向魏文侯。魏文侯大怒，师经却说：“我只撞桀纣那样的暴君，而不会撞尧舜那样的明主。”魏文侯十分惭愧，就把琴挂地室中以警戒自己。

沆读论语，青诵春秋 宋李沆是宋真宗时的宰相。有一次读《论语》，有人问他为何读此书，李沆说：“我为宰相，若在‘节用而爱人’‘使民以时’等方面未能做到与圣人之言一致，那么就应该终身诵读此书。”宋狄青曾和尹洙谈论军事，尹洙很赏识他，向韩琦和范仲淹推荐道：“狄青有良将之才。”韩、范两人因而厚待狄青。范仲淹送《左氏春秋》一书给狄青，说：“为将不知古今，则只是匹夫之勇。”狄青从此发奋读书，精通了历代兵法。

筹赈戴浩，均赋韩休 明戴浩，正统年间任巩州知州。有一年巩州大灾，戴浩动用边防储备粮三万七千石赈灾，并请罪道：“愿以臣一人的性命，换回千万人的性命。”皇帝宽恕了他，但要百姓缴还借贷的粮食。上官发文催办，戴浩却说："现在百姓的创伤还未平复，却又来催缴，还不如当初不借贷给他们。"顶着不办。直到三年后，借贷的粮食才上缴完毕。唐韩休曾任虢州刺史。虢州离东京和西京都很近，皇帝的车驾常经过，经过时都要征收草料。韩休请求和其他州共同分担草料的供应，宰相张说不同意，韩休就反复申述。属吏认为这也许会触怒张说，韩休说："身为刺史，知道百姓疾苦却不解救，还做什么官！即使得罪宰相，我也心甘情愿。"朝廷最终批准了韩休的请求。

敬德夺矟，阿馀得矛 唐尉迟恭，字敬德，英勇绝伦。他作战时持矟上阵，夺取敌人的矟来杀敌。一次皇帝问他："避矟与夺矟哪个更难？"尉迟恭答道："夺矟更难。"皇帝命令他与齐王试试高下，齐王不一会儿三次被夺去手中的矟，于是信服。春秋时齐晋交战，齐国平阿的馀子丢了戟却得一支矛。他退下阵来，心中不安，就问路人道："我丢了戟却得了矛，可以回去吗？"路人说："矛和戟都是兵器，丢兵器又得兵器，为何不能回去呢？"馀子还是不安就问高唐的孤叔无孙。孤叔无孙说："矛非戟，戟非矛，丢了戟而得矛，岂能无错？"馀子听说后又回到战场上，后战死。

卢三改注，范一笔勾 唐卢承庆曾负责考核官员的政绩。有一官员督运的粮船遇风沉没，卢承庆给他下考语道："监运损粮，考中下。"官员面不改色，不发一言退了下去。卢承庆欣赏他的雅量，就改注道："非力所及，考中中。"那官员仍面无喜色，卢承庆于是又改注道："宠辱不惊，考中上。"宋范仲淹挑选地方监察长官时，把候选名单中无才能之人一笔勾掉。富弼说："一笔勾掉很容易，但你哪知他们一家人都要为此而哭呢。"范仲淹说："一家人哭哪比得上一路百姓都哭呢！"

十二　侵

刘铢疑酒，蔡骇琴　南汉国主刘铢常赐毒酒给臣子们喝。降宋后，一天，宋太祖赏赐他一杯酒。刘铢疑是毒酒，就跪哭求饶。宋太祖笑道："我对人一向真诚，怎会是毒酒！"说完，取过那杯酒一饮而尽，刘铢惭愧，连连磕头谢罪。汉蔡邕一次应邀参加宴会，席间听屏风后传来琴声，惊道："用音乐召我来，却有杀心，这是为何呢？"言毕转身就走。主人追问，蔡邕如实相告。弹琴之人说："刚才弹琴时，见一只螳螂与一只蝉对峙，一进一退，我的心惶恐不安，唯恐蝉得空逃脱，难道是这杀心表现在琴声上了吗？"蔡邕叹道："这足以解释了。"

愚人怖玉，贪夫攫金　古时魏国有农夫拾得一块很大的玉石，他不知是玉。邻居骗他说："这是怪石。"农夫就把玉放在廊上，结果晚上玉石发出了明亮的光，农夫和家人害怕，将玉扔了。邻居趁机捡走玉石，献给魏王。魏王见是无价之宝，于是重赏献宝人。《列子》载：齐国有一人很想得到金子。一天早晨，他到集市上卖金人的摊位上拿了金子就跑，结果被抓住。官吏问他："那么多人在场，你为何还要抢金子呢？"那人答说："我拿金子之时，只看到金子，而没看到人。"

云奇折臂，濮真剖心　明丞相胡惟庸欲谋反，骗明太祖说家中的井涌出甘泉，请明太祖去看看，明太祖乘车前往。内史云奇得知是阴谋，就拦住车驾，由于着急而词不达意，明太祖大怒，命侍卫打他。云奇被打得奄奄一息，右臂快折断了，仍指着胡惟庸的宅第。明太祖这才领会，登城一看，见胡家密布带甲士兵，于是发兵包围胡惟庸家。之后他想召见云奇，但云奇已死。明都督佥事濮真出征高丽时被俘，高丽王想收降他，濮真未屈服。高丽王生气，想杀了他。濮真

说："大丈夫有赤诚之心，岂肯向你屈服！"说完拿刀挖出心给高丽王看，倒地而死。

王子辞李，谢生拜柑 南北朝王僧孺五岁时，有人送他父亲一筐冬李，先拿一个给王僧孺。王僧孺没有接受，说："大人还未看到，我不敢先尝。"宋淳熙年间，江州人谢生之母生病，夏天想吃柑橘，谢家园中种有柑橘树，谢生就在晚上到树下跪拜，祈求柑橘树结果。第二天早上，柑橘树真的结出好几个成熟的柑橘，谢母吃后病愈。

仁贵免胄，马燧披襟 唐永淳年间，突厥进犯并州，当时任州都督的薛仁贵率军应战。突厥人问唐兵领军大将是谁，回答说："薛仁贵。"突厥人说："我们听说薛仁贵已死，你们为何要欺骗我们？"薛仁贵于是解下头盔让敌军看他的脸，突厥士兵赶紧下马列队跪拜，然后向后退去。薛仁贵乘机率兵追击，大败突厥军。唐马燧奉命征讨叛军李怀光。他来到叛军城池外，叫出守将徐庭光，说：“你们已为朝廷效命四十余年，为何突然做出这种会招致灭族的事情来？你们来听我的话，则不但能免祸，且有富贵可图。”叛军将士伏地而哭。马燧说：“这些都是李怀光所为，不是你们的过错。”徐庭光于是率众投降，李怀光听说后上吊自杀。

无己拥被，柳恽捶琴 宋陈师道，字无己。他每次出行，如果忽有灵感来了，就急忙回家，裹上被子，躺在床上边构思，边呻吟不止。有时过好几天才起来，当时有“闭门觅句陈无己”之说。南北朝柳恽一次随手用笔敲奏琴弦，坐客也用筷子敲击，琴声哀美。柳恽受到启发，制成高雅的乐曲。后流传的击打法弹琴自此而始。

丈夫抱瓮，老媪磨针 春秋时，一天子贡见一老人为了灌溉菜地，凿了一条地道通往井中，然后用瓮装水，再抱着瓮走上来。子贡告诉他有一种省力的机械叫桔槔，老人说自己知道桔槔，只是怕有了机巧之心后失去心地的纯正，违背了古道。子贡十分惭愧，无言而退。唐李白少年时读书不大专心。一次，见一个老妇人在磨一根铁棒，就问她磨来干什么。老妇人答道：“想磨成针。”李白听后大受启发，从此发奋读书。

劝课龚遂，署考唐临 汉宣帝时，渤海郡遇到饥荒，盗贼四起，龚遂出任渤海太守。到任后，命令停止捕捉盗贼，并下令把持农具者视作良民，把持兵器者视为盗贼。此令一出，盗贼纷纷缴械。唐唐临官至大理卿，决断案件从无冤案。他曾前往交州审察案件，解救三千名无辜之人。他自己在考评文书上题道：“形如死灰，心如铁石。”唐高宗得知后说：“处理案件本应如此。”

盗书杨玠，摸碑子钦 《谈薮》载：杨玠娶博陵崔季让之女为妻。崔家藏书万卷，杨玠整天在书斋中苦读。后他对人说：“崔家的书被人偷光了还不知道。”崔季让听说后叫人去检查，杨玠却拍着肚皮说："已经藏在这里面了。"宋谭惟人，字子钦，有过目不忘之才。一晚他到祥符寺去，想看一碑文却无灯烛，就用手抚摸石碑，暗记心中，天亮后一对，竟一字不差。

婢呼如愿，妓号称心 《搜神记》载：有个叫甄明之人路过青草湖，湖神问他想要什么，边上有人悄悄地说："只要如愿就够了。"甄明依言而说。湖神叫出如愿，竟是一年轻女婢。甄明得到如愿后，数年内暴富。后在一年大年初一，如愿起床晚了，甄明用鞭子打她，她就钻入扫帚不见了。甄家从此衰败。宋理宗之妃贾氏的弟弟贾似道，恃宠放纵，沉迷酒色。当时有妓女名潘称心，最受他宠爱。

宇文哭绰，司马拜林 南北朝时西魏苏绰才学出众任度支尚书兼司农卿。他为人忠直，生活节俭，以平定天下动乱为己任。他死后，宇文泰很痛惜，在他灵前奠酒道："你知我心，我知你意，正想一起平定天下，你却舍我而去。呜呼！奈何！"说完就放声大哭。三国常林好学不倦，品德高尚，官至刺史。司马懿每次见他都要行礼。有人对常林说："司马公权高望重，您不应让他行礼。"常林却说："我不知他是否权高望重，他向我行礼非我所迫。"那人惭愧而退。

妖畏仁杰，鬼迓韩擒 唐武则天时，武三思娶一小妾，长相秀美。士大夫都前去拜访，狄仁杰也一同前往。不料那小妾却藏于墙壁缝隙中，她对武三思说："我是花月之妖，上天派我来侍奉您。狄公是当今正人，我不可以见他。"隋韩擒虎重病卧床，邻居一老妇见韩家门外许多卫士，就上前询问。卫士说："我们来迎接主上的。"说完所有的卫士都不见了。另有一重病之人忽然来到韩擒虎家说："我想求见大王。"韩家人问他想见的是什么大王，他说："阎罗王韩擒虎。"韩家人想打他，韩擒虎制止了，并说："我生为上柱国，死为阎罗王，也该满足了。"不久，韩擒虎就死了。

十三 覃

卫母抚雉，蜀女化蚕 汉扬雄《琴清英》载：乐曲《雉朝飞》为卫女傅母所作。相传卫女出嫁齐国太子，半路上听说太子死了，于是问傅母怎么办，傅母说："前往奔丧。"丧礼结束后，卫女因悲伤而死。傅母后悔，于是取琴到坟上弹奏。忽墓中飞出两只雉来，傅母抚摸着雉说："你果真变成小鸟了吗？"话未说完，两只雉就都飞走不见了。傅母很悲痛，于是创作一首乐曲，命名为《雉朝飞》。《搜神记》载：蜀地有蚕女，父亲被人掳走，只有父亲的马还在。蚕女之母说："有谁能救回我丈夫，我就把女儿嫁给他。"马听了这话，咬断马缰而去。几天之后，父亲骑马归来，妻子告诉他这件事情，父亲不同意女儿嫁给马。马于是咆哮嘶鸣，父亲将马杀了，剥下马皮曝晒于堂前。蚕女经过堂前，马皮忽然把蚕女卷了去，飞到桑林中变成了蚕。

罗威饲犊，卓茂解骖 汉代人罗威，邻居的牛几次吃了罗威家的庄稼，罗威不声张，反而割来青草喂牛。后邻居得知，严加看管牛，再不让罗威的庄稼受损。汉卓茂曾为丞相府属官，一次外出，有人误认卓茂驾车的马是自己丢的，卓茂未争辩，将马给了那人。后来那人找到了自己的马，送回卓茂的马，并叩头谢罪。

奏琶令则，鼓琴桓谭 隋李纲，曾任太子洗马。一天，太子宴请宾客，左庶子唐令则奏起了琵琶，李纲说："令则官品虽高，却自比倡优，迷惑人视听，这岂不是在拖累殿下吗？请让我纠正他的错误做法。"汉宋弘举荐桓谭为给事中。桓谭善于鼓琴，每次宴会皇帝，他都要鼓琴。宋弘后悔自己的荐举。一天，他责备桓谭说："我举荐你，希望你用道德来辅助国家，而不是让你来弹奏这些浮靡无用的音乐的。"

解厄严四，为崇宗三 唐晋州刺史萧至忠打算出猎，当天一樵夫在霍山见一怪人召集老虎等动物说："我原九冥使者，奉北帝天命前来宣布，明日萧刺史打猎，你们当中有若干应当被鹰啄死，有若干应被箭射死。"群兽向他求救，怪人说："深谷中的严四很有谋略，你们可以向他求救。"群兽跟着怪人来到深谷中向一道人求救，道人说："如果让雪神下雪，风神起风，那么萧君就不会出猎了。"第二天风雪大作，萧至忠果然未出猎。明徐孟凌到岭南去，途经鄱阳湖，船刚扯起风帆，船夫就请求他先祭祀宗三爷爷。徐孟凌问宗三是何神，船夫答道："过去明太祖和陈友谅在这湖上交战，明太祖夺了陈太谅所乘的巨舰，舰上巨缆被投入湖中，其中一条化成蛟龙，随风雨而去。另一条在湖中作祟，若不祭拜它便有灭顶之灾。"

明皇貌瘦，忠臣肉甘 唐韩休为宰相，刚正不阿。唐明皇有时想宴乐游猎，就问："韩休知道此事吗？"话音刚落，韩休的谏疏就到了。左右对唐明皇说："韩休任宰相以来，陛下比以前瘦多了，为何不赶走他呢？"唐明皇叹息道："我虽瘦了，可天下一定肥了。"明燕王朱棣率军攻入南京，铁铉被抓，却坚贞不屈。朱棣命人割铁铉身上的肉烧烤后塞进他嘴里，问他："味道好吗？"铁铉厉声答道："忠臣的肉味道岂会不好吗？"朱棣大怒，下令寸磔铁铉，铁铉至死骂不绝口。

两马相骂，二犬对谈 《论衡》载：广汉人阳翁伟能听懂鸟兽的话语。一次，他坐着一辆跛马拉的车到野外去，有一马相隔数里与阳翁伟的马嘶鸣之声遥相呼应。阳翁伟听了说："那匹马是独眼的。"他的车夫说："你如何知道？"阳翁伟答道："那匹马骂我这匹马是跛子，我的跛马则骂那匹马是独眼龙。"车夫不信，过去一看，那匹马果然瞎了一只眼。宋岳飞率部与金人作战，一晚他梦见两只狗对话，醒后很疑惑，于是把此梦告诉一个和尚。和尚说："两'犬'加上'言'是个'狱'字，避开它则吉，否则恐怕有牢狱之灾。"不久，岳飞果为秦桧所害。

十四　盐

八州陶侃，六阙杨炎　晋陶侃年少时梦见自己长了八只翅膀，飞上天庭，九重天门进了八重，只有一重关着，他就用翅膀去拍打，结果翅膀受伤，掉了下来。醒后他的左腋果然有些肿痛。后来他都督八州军事，手握重权，曾想谋反，但想起那个梦，就打消了念头。唐杨炎曾梦见自己爬上高山，见太阳近在咫尺，便用手去捧。醒后觉手上都是汗。后来他做了宰相，家门前树有六座阙，异常显贵。

恚贺公鲁，辞吊思谦　晋荀勖，字公鲁。他从中书监调任尚书令时，有人向他祝贺，他怒道："把我赶出了凤凰池，有何可贺的！"唐韦思谦任监察御史时，曾弹劾中书令褚遂良，后来褚遂良再次拜相，把韦思谦贬为清水县令。有人同情韦思谦，韦思谦说："大丈夫做谏官，须光明磊落，直言得失，以报天子，怎能庸庸碌碌以保全妻儿呢？"

顾飏赠褶，刘晏携帘　晋郭文隐居余杭山中。余杭县令顾飏认为郭文住在山中有时需要皮衣御寒，就送给郭文牛皮衣服一套，郭文未说什么，但是直到皮服烂了他也没穿一次。唐宰相李廙节操清正。有一次，他妹夫刘晏见他门前的帘子很破旧，便让人用粗竹编了一副新的，想要送给李廙，但是刘晏三次拿着帘子来到李廙门前，都不敢开口。

礼贤希宪，傲客王恬　元丞相廉希宪礼贤下士。刘整以高官身份拜见他，廉希宪并不请他坐。刘整走后，一位宋姓书生衣着褴褛，袖中藏诗请求入见，廉希宪迎接他入内就座，并与他一起点评经史，一同吃饭喝酒。席散人去后，有人问廉希宪为何前倨后恭，廉希宪说："国家大臣的言行举止代表着褒贬。刘整虽身高贵，但他乃背弃宋朝之叛徒。而宋姓书生却未在宋朝得过什么好处。"晋谢安和弟弟谢万一次路过吴郡，当时王恬为吴郡太守，谢万去拜访他，到了王恬府上坐了不久，王恬就进屋去了。过了许久王恬才出来，高坐胡床上，神气傲慢，不发一言。谢万大怒而回。

李晟绣帽，鲍永皂襜 唐朱泚叛乱，李晟率军平叛。每次作战他都要穿锦衣戴绣帽，亲临阵前指挥。部将李怀光对他说："将帅不应在战阵中暴露自己。"李晟说："我在此待了很久，将士很敬服我。我如此穿着是想让他们发现我，打消他们的斗志利于平叛。"汉鲍永出镇河东。他喜欢用礼乐教化来治理地方和军队，常穿黑色短衣出行，路上行人称之为"鲍尚书兵马"。

呈章刘瑾，坠刺崔暹 明宦官刘瑾想把持朝政，购置许多新奇之物请皇帝玩耍。等皇帝玩兴正浓时，刘瑾就送上许多奏章请皇帝批阅，皇帝往往不耐烦，就让他代劳。几次后，刘瑾就得以专权了。东魏崔暹为人狡诈。权臣高澄娶公主为妻，认为崔暹定会进言反对，所以崔暹来议事，高澄都没有好脸色。几天后，崔暹故意把怀里的名刺掉在高澄面前，并假装惊惧地说："糟了，还未来得及呈交我的名刺给公主呢。"高澄大喜，拉着崔暹一齐进屋见公主。

配享拗相，入祀权阉 宋王安石性格固执，人称"拗相"。宋徽宗初年，皇帝发布诏令，说荆国公王安石是孟子之后，天下少有的圣人，应将他附祭于孔子庙中，位次仅低于孟子。明宦官魏忠贤专权时，有一监生上书皇帝，请求以魏忠贤配享孔子，以魏忠贤之父配享孔子之父启对公。奏章中说："孔子作《春秋》，厂臣作《要典》；孔子诛少正卯，厂臣诛东林党人。"皇帝准了他的请求。

刘弘一纸，保安千缣 晋荆州都督刘弘威震一方，不抢功但揽过。每次发布指示，他都写信给郡守和国相，详细叮嘱。郡守和国相们得信后很感动，他们说："得刘公一纸书，胜于十部从事。"唐郭元振之侄郭仲翔，任洮州都督李蒙的属官。同乡吴保安求见郭仲翔，也得以在李蒙手下任职。后李蒙战死，郭仲翔被蛮人所俘，蛮人要用一千匹缣作为赎金。正好郭元振死了，吴保安想救郭仲翔，却无赎金，于是致力经商。十年后积攒七百匹缣，又得到都督杨安的资助，才赎回郭仲翔。

十五　咸

盗畏来整，虏劫浑瑊　隋荣国公来护儿的第六个儿子来整被封为虎贲郎将。强盗们很惧怕来整，作歌传唱道："长白山头百战场，十十五五把长枪，不畏官兵万千众，只畏荣公第六郎。"唐德宗时，吐蕃人入侵中原，大肆劫掠。后吐蕃派人求和，皇帝派遣浑瑊去和吐蕃结盟。吐蕃人在盟坛西边埋伏精兵数万，等浑瑊走入帐幕，伏兵四起。浑瑊夺马而逃。吐蕃兵追击，唐军将士死数百人。

存三失勖，陶侃一函　五代李克用临终时，给儿子李存勖三支箭，说："梁是我的仇敌；燕王是我扶持上台却背叛了我；契丹违背盟约与梁通好。这三仇未报，是我的遗恨之事。现在给你这三支箭，希望你不要忘了我的心愿。"后来李存勖北拒契丹，东灭燕、梁，便带着这三支箭回祖庙复命。晋陶侃任黄州刺史时，杜弘和温邵、刘沈发动叛乱。杜弘诈降，被陶侃识破。陶侃率军击破叛军，抓住了刘沈。众将请求乘胜追击，陶侃笑道："我的威名已立，为何还要派兵追击呢？只要写一封信就足够了。"于是写信通告温邵，温邵接信后急忙逃走，结果被抓获。

甘宁锦缆，长康布帆　三国孙权手下大将吴甘宁，生活奢侈。他出入时，陆行车骑开道，水行则轻舟连江。每次泊船用缯锦为系船，离去时便割断丢弃。晋顾恺之，字长康，曾为殷仲堪的属官。一次他请假回家，按例不给船帆，但顾恺之苦苦恳求，殷仲堪便给了他一布帆。顾恺之启程后，船在破冢洲附近忽遇大风，几乎覆没。他写信给殷仲堪说：“地名破冢，风浪真的如破冢而出一样。幸好行人安稳，布帆无恙。”

远语无妄，衡志超凡 南北朝何远从不说虚妄之话，他常对人说：“你能让我说出一句妄语，我就给你一匹缣。”大家都想诱他说一句，但都未成功。元许衡，七岁时，问老师：“读书有何用？”老师说：“不过用来获取科举功名罢了。”许衡又问：“仅如此而已？”老师大为惊叹。许衡后来成为理学名儒，学者称他鲁斋先生。

居翰改诏，子瞻换衔 五代后唐张居翰，曾任枢密使。前蜀国主王衍率臣子们投降后，唐庄宗将他们迁往洛阳。不久关东大乱，唐庄宗担心王衍造反，下诏道：“王衍一行并宜杀戮。”张居翰正好看到诏书，就把“行”字改为“家”字。诏书下达后，只杀了王衍及一些近亲，前蜀的官员和王衍的随从共一千多人才幸免于难。宋苏轼，字子瞻。刚任职杭州时，衙役们抓到一偷税之人，是南剑州乡贡吴味道。吴味道带两个大网包，包上写着苏轼的姓名和原来的官衔。苏轼问他包中何物，吴味道说：“乡里人凑钱推我买建阳纱二百端，想贩卖到京城去。如果一路抽税，到京城就只剩一半了。我想阁下身负天下重名，写上您的衔名后，即使偷税之事败露，官府也会卖个面子。不知您已在这里做官，实在罪责难逃。”苏轼在吴味道的包上写上新的官衔，便放走吴味道。翌年吴味道中进士，专程酬谢他。

修责若讷，俨诘游岩 宋欧阳修，入朝为馆阁校勘。当时范仲淹因直言遭贬，朝廷许多官员都为他说情辩白，唯有高若讷认为应当贬谪。欧阳修就给高若讷写了封信，责备他不知人间有羞耻事。高若讷把信呈给皇帝，于是欧阳修也被贬。唐田游岩曾隐居泰山，唐高宗任命他为太子洗马。田游岩上任后，对太子的不良言行从不规劝，听之任之。薛俨写信责备他虽自负有巢父、许由的气节，但太子有不足之处时却唯唯诺诺。